직관의 타로

오랜 역사를 지닌 고대철학의 정수인 카발라, 그리고 과학적 신비주의의 기초인 4원소론, 수비학,
점성학의 교차적 직조 과정을 통해 해석의 폭을 넓히고자 연구한 결과물인 타로-매트릭스_Tarot-Matrix.
타로카드 78장 각각에 담긴 카드마다의 고유한 속성과 신비로운 의미를 타로-매트릭스 기법으로
풀어낸 스토리텔링으로 만난다.

직관적 해석을 가능하게 하는
스토리텔링 타로-매트릭스
키워드_Key Word가 아니라 인사이트_Insight. 통찰의 힘이다.

직관의 타로

스토리텔링으로 이해하는 타로의 통찰력

장재웅

～～ 물병자리

머리말

'내가 해석한 타로가 과연 진짜 타로가 제시하는 의미일까?'

'내가 하고 있는 상담은 과연 옳은 것일까?'

이 질문은 진지한 마음으로 타로의 길을 걷고 있는 타로티스트라면 누구나 공감하는 질문일 것이다. 나름의 공부를 통해 자기 자신만의 리딩과 상담 스킬을 완성했다면 이 질문의 과정을 거쳤을 것이다.

삶의 중요한 순간에 참고할 중요한 기준이 되기에 타로는 누군가의 인생을 뒤흔들 수도 있는 엄중한 도구로 여겨진다. 타로티스트라면 누구나 이 사실을 명심하고 있고, 그래서 타로를 겸손한 마음으로 대하게 된다. 자신만의 완성된 리딩 이론과 겸손한 태도를 잃지 않고 상담을 하다 보면, 점점 자신감을 갖게 되고 거침없는 상담을 하게 된다. 그러다 어느 순간 정체감을 느끼며 슬럼프에 빠질 때가 온다.

'아, 혹시 내가 잘못하고 있는 건 아닐까?'라는 각성과 함께 다시 위의 질문을 맞닥뜨린다.

상담을 거듭할수록 내담자에게 함부로 개입하는 것이 얼마나 위험한 일인가를 알게 되며, 타로를 알면 알수록 그 깊이에 경외감을 느끼게 된다. 이는 성장의 순간이 다가왔음을 알리는 신호이다.

개별 카드가 지닌 '직관적 고유성'
그리고 타로 전체를 관통하는 '통찰력'

'키워드 해석'에 한계를 느끼게 되어 한 걸음 더 타로의 진실에 다가가려고 '직관의 해석'으로 넘어가고자 하는 타로티스트에게 절실히 요구되는 능력은 바로 '통찰력(In-sight)'이다.

그림 속 풍경과 사물이 지닌 피상적인 느낌과 몇몇 단어로 지시된 키워드만으로는 카드가 상징하는 풍부한 의미를 이해할 수 없다. 카드가 지닌 다층적인 의미와 풍부한 아우라를 뉘앙스가 제거된 키워드로는 설명할 수가 없기 때문이다. 단순한 키워드를 곧이곧대로 받아들이면, 카드가 지닌 미세하고 오묘한 '고유의 정서'는 사라지고 그 자리를 자신이 경험 속에서 체득한 '제한적인 느낌'으로 채우게 된다.

미세하고 오묘한 그 지점은 어떤 단어로 설명할 수 없는 '직관'의 영역에 해당하기에 카드의 미묘함과 풍부함, 즉 '직관적 고유성'을 통째로 느껴야 한다. 78장 타로카드에서 개별 카드가 지닌 '직관적 고유성'은 카드 상호 간에 영향을 주고받으며 타로 전체를 관통하는 하나의 의미를 가리킨다.

그 지점은 바로 '삶의 진정성'과 '우주의 의미'이다. 이는 타로티스트 각자에게 주어진 것이기에 타로티스트마다 깊이와 폭, 밀도와 질감이 조금씩 다를 수 있다. 그렇다 하더라도 그것에 이르는 길은 오로지 한 방향, '통찰력'을 통해서라는 것에는 이견이 없다. 타로티스트는 통찰력을 통해 타로가 자신에게 전해주는 의미를 발견하고 그 의미를 생의 원점으로 삼아 세상을 해석하고, 관계성 속의 비밀을 들여다본다. 그런 수준에 이르면, 개별 카드가 제시하는 상징을 직관적으로 해석하는 힘을 가질 수 있다.

타로는 신령이 깃든 신비한 힘으로 운명의 점괘를 예언하는 그런 단순한 주술이 아니다. 타로는 영혼 너머에 있는 우주의 원리를 우리가 이해할 수 있는 방식인 타로의 상징을 통해 제시하는 신비의 언어이다. 문제는 그 언어를 우리가 얼마나 능숙하게 '번역'하느냐인데, 그 오묘한 번역을 단순한 감이나 키워드 몇 개로 해낼 수는 없다.

'타로-매트릭스'는 오랜 역사를 지닌 고대철학과 과학적 신비주의인 카발라, 4원소론, 수비학과 점성학의 교차적 직조 과정을 통해 타로가 전해주는 근원의 메시지를 번역하는 방법이다. 직관적 해석이 가능할 수 있도록 통찰력을 키우는 방법은 바로 타로-매트릭스라는 번역법을 깨우치는 것이다.

타로-매트릭스의 이해
그리고 타로카드 통찰력 실험

타로카드 하나하나에 담긴 '직관적 고유성'은 타로티스트 개인의 고유한 통찰력으로 일목요연하게 '경험'할 수 있다. 여기서 '경험'이라는 단어를 쓴 이유는 키워드처럼 정리하고 외우는 방식이 아니기 때문이다.

타로카드가 지시하는 내용은 키워드처럼 '말'로 고정되어 있는 게 아니라, '직관적 고유성'을 유지한 채, 스프레딩 된 다른 카드와 영향을 주고받으며 내담자의 상황에 따라 다르게 해석된다. 카드가 지닌 미묘한 뉘앙스를 통째로 알지 못하면 엉뚱하게 해석할 여지가 있다는 말이다. 그렇기 때문에 카드에 적용된 키워드를 외우는 것이 아니라, 통찰력을 기준 삼아 직관적으로 바라보는 방식을 사용해야 한다. 통찰력에서 직관적 해석으로 이어지는 과정이 자연스러울 수 있도록 타로-매트릭스에 대한 깊이 있는 공부가 필요하며, 다양한 사례를 경험하며 타로-매트릭스 활용에 주저함이 없도록 부단히 노력해야 한다.

오래전 타로카드의 통찰력과 관련한 실험을 한 적이 있었다. 내담자 한 사람이 매트릭스 이론을 이해하고 응용할 줄 아는 다수의 타로티스트에게 한 가지 질문을 하고, 타로티스트는 각자의 방식으로 자유롭게 서플과 스프레딩을 펼쳤다. 실험에 참여한 타로티스트는 개성이 매우 강했으며, 서로 전혀 다른 통찰력으로 타로를 바라보는 사람들이었다. 그렇기에 같은 카드를 놓고도 매트릭스의 적용을 전혀 다르게 했다. 내담자는 각각의 타로티스트의 덱에서 각각 다른 카드를 선택했고, 타로티스트는 각자 고유의 통찰력으로 내담자의 상담을 진행했다. 각 경우마다 다른 배열과 다른 카드 조합이 제시되었고, 카드 하나하나에 대한 타로티스트의 매트릭스 분석도 달랐지만, 놀랍게도 전체적인 해석과 상담 내용은 동일하거나 적어도 유사했다. 다른 덱을 사용하고 다른 카드를 사용하며 다른 배열을 사용했는데, 더군다나 같은 카드도 다르게 해석하는 사람들이 상담한 것인데 상담 결과가 같았던 건 어떤 이유에서였을까? 우리는 이런 결론에 도달했다. 이 실험에 참여했던 타로티스트들 각자가 번역한 영혼 너머의 우주가 전한 메시지는 원래부터 하나였고, 번역의 방식은 달랐지만, 그 메시지에 닿는 방법, 즉 근원의 메시지에 이르는 루트는 달랐지만 결국엔 메시지를 읽게 되는 것이라고. 근원의 메시지에 이르는 자신만의 루트가 바로 '통찰력'인 것이다. 이 실험을 통해 카드의 이해를 정형화하지 않고, 통찰력으로 카드의 직관적 고유성을 읽어낼 수만 있다면 내담자 상담의 근원을 읽어낼 수 있다는 확신을 가지게 되었다.

직관의 이해에 이르는 과정에서 반드시 거쳐야 할 관문이 타로-매트릭스와 나만의 통찰력 발견이다. 『직관의 타로』는 타로-매트릭스의 두 번째 책으로 타로의 통찰력을 경험하는 하나의 방식을 제시하고 있다. 『직관의 타로』에서 제시하는 '통찰력'은 바로 타로-매트릭스를 기반으로 한 '스토리텔링'이다.

스토리텔링으로 이해하는 통찰력
타로-매트릭스 시리즈의 두 번째 책 『직관의 타로』

어쩌면 『직관의 타로』는 독자에게 혼란을 가져다줄지도 모른다. 지금까지 알고 있던 일반적인 타로와는 사뭇 다를 수 있기 때문이다. 말하자면, 『직관의 타로』는 타로-매트릭스 기반의 '장재웅식 통찰력'으로 이해한, 타로 카드들의 '직관적 고유성'에 의해 구성된 타로의 스토리텔링이기 때문이다.

독자 여러분께 말하고 싶은 바는, 누구나 타로-매트릭스를 충분히 습득하면 자신만의 통찰력을 통해 카드의 '직관적 고유성'을 구성할 수 있고, 역으로 『직관의 타로』에 제시된 각 카드의 '직관적 고유성'을 통해 타로-매트릭스의 비의를 깨닫고 자신만의 통찰력을 세울 수도 있다는 말이다.

『직관의 타로』에는 타로카드 한 장 한 장에 대한 애정이 담겨 있다. 오랜 시간 통찰력이라는 큰 그림 속에서 개별 카드의 고유성을 이해해 왔고, 다양한 상담을 통해 카드 한 장 한 장과 깊은 교감을 이루어 왔다. 그 과정에서 개별 카드는 스스로 자신의 이야기를 은밀하게 드러내었고, '장재웅식 통찰력'을 통해 그 이야기를 '번역'하고 기록하였다. 『직관의 타로』에서 각 카드의 말풍선 속 '선언'과 정/역방향의 '스토리텔링'은 그 결과물이다.

이 책에 기록된 각 카드의 이야기는 '장재웅식'의 고유한 이야기이고, 타로 역사 속에서 정해진 이야기는 아니다. 선언과 스토리텔링은 그 카드의 고유성과 뉘앙스를 파악하기 위한 하나의 방식인 것이다. 부디 바라는 바는 개별 카드의 고유성을 충분히 교감하는 것이다. 선언과 스토리텔링은 이를 위한 효과적인 수단이 될 것이다.

『직관의 타로』를 읽고 어느 정도 자신만의 통찰력이 구축되었다면, 제시된 이야기에 더욱 풍부한 이야기를 조심스럽게 덧붙여도 좋을 것이다. 직관적 고유성, 즉 카드가 지닌 뉘앙스를 훼손하지 않는 선에서 가능하다. 그리고 『직관의 타로』에 제시된 이야기들은 흥미로운 이야깃거리를 제공함으로써 내담자와 타로티스트 사이에서 윤활유 역할을 해낼 것으로 믿고 있다.

이 책은 쉽다고 하면, 아주 쉽게 이해할 수 있는 책이다. 단순하게는 말풍선 속 선언에 대한 이해로 접근이 가능하고, 흥미로운 이야기로 카드의 뉘앙스를 파악하면 되기 때문이다. 게다가 해시태그(#)로 이야기의 흐름을 정리해 선언과 스토리텔링의 숙달에 도움이 되도록 했다. 그러나 이 책을 통해 자신만의 통찰력을 깨닫기 원하는 독자에게는 깊이를 느낄 수 있는 책이기도 하다. 이런 경우는 각 부 말미에 있는 '심화 해석'

을 살펴보면 좋고, 졸저 『타로카드 매트릭스』(물병자리, 2019)를 참고해도 좋다.

이 지점에서 가장 중요한 사실을 조심스럽게 꺼낸다. 이 모든 것은 내담자와의 진실한 교감에 대한 진정성 없이는 허사일 수밖에 없다는 사실이다. 타로는 타로티스트로 완성되는 것이 아니라 내담자와 타로, 타로와 타로티스트, 내담자와 타로티스트의 삼각 구도 속에서 완성되는 것이다. 가장 고차원적인 통찰력으로 풍부한 직관의 고유성을 알았다고 해도, 내담자와의 사이에서 충실한 '번역자'의 역할을 감당하지 못한다면, 아무 의미가 없는 것이다.

키워드 방식의 이해가 가지는 한계는 이 지점에서 분명해진다. 제시된 카드의 '직관적 고유성'을 모르고 단편적인 일대일 조응 방식의 키워드 해석으로는 내담자와의 깊은 교류가 어렵기 때문이다. 카드의 고유성과 내담자의 고유성의 상호 반응을 직관적으로 바라볼 수 있어야 하고, 그래야 내담자의 영혼 깊숙한 곳에서 일어나는 무의식의 기전에 이를 수가 있다. 이는 통찰력과 함께 인간, 그리고 인간 심리에 대한 깊은 이해 속에서만 가능한 일이다.

다시 한번 되새겨본다면, 타로는 누군가의 인생을 뒤흔들 수도 있는 엄중한 도구며, 타로티스트라면 누구나 이 사실을 명심해야 하고, 그래서 타로를 겸손한 마음으로 대해야 한다. 그러므로 지금 이 지점에서 질문을 다시 한번 마음 속에 담아 본다.

'내가 해석한 타로가 과연 진짜 타로가 제시하는 의미일까?'
'내가 하고 있는 상담은 과연 옳은 것일까?'

『직관의 타로』를
활용하는 방법에 대하여

『직관의 타로』의 목적은 타로의 '통찰력'에 대한 이해를 돕는 것이다. 통찰력은 타로-매트릭스에 대한 온전한 이해를 통해 얻어지는데, 이렇게 획득한 통찰력을 통해 각자의 감수성에 적합한 방식으로 개별 카드의 고유성을 직관적으로 깨닫는다. 『직관의 타로』는 이런 과정을 효과적으로 경험할 수 있도록 돕기 위해 말풍선 속 선언과 스토리텔링 방식을 제시하고 있다.

다음은 카드의 '직관적 고유성'을 이해하고 자신만의 고유성을 만드는 과정이다. 충분히 숙지하여 활용하도록 하자.

- 카드에 대한 기본 설명을 숙지한다.
- 카드를 꼼꼼하게 살펴본 후, 카드 전체의 느낌을 느껴본다.
- 카드가 전하는 신비의 언어를 명상한다.
- 말풍선으로 표현한 선언을 되뇌고 카드가 말하고자 하는 바를 상상해본다.
- 카드의 느낌과 선언을 생각하며, 스토리를 읽는다.
- 스토리 자체에 얽매이지 말고, 스토리가 표현하는 뉘앙스를 감지한다.
- 단어와 표현보다 이야기 전체의 흐름과 분위기가 중요하다.
- 카드가 지닌 타로-매트릭스의 속성을 적용하여 자신만의 고유성을 발견한다.
- 카드와 말풍선 속 선언, 그리고 스토리를 염두에 두고 해시태그를 살펴본다.
- 본인이 기억하기 좋은 해시태그를 추가하거나 기록해 두는 것도 좋다.
- 해시태그만 보고도 선언과 스토리, 그리고 카드를 떠올릴 수 있도록 '마음사진'을 찍는다.
- 해시태그는 키워드가 아니다. 외우지 말고 '마음사진'으로 활용해 보자.
- 카드가 전하는 신비의 언어를 다시 한번 명상한다.
- 각 부 마지막 부분에 해시태그 모음 코너가 있다. 해시태그만 보고 카드의 뉘앙스를 떠올려 보자.
- '심화 해석'에 비추어 자신이 구축한 '고유성'을 검토해 보자.
- 연상의 흐름 : 카드 그림 〉 말풍선 〉 스토리 〉 뉘앙스 〉 해시태그 〉 반복

다음은 카드의 '직관적 고유성'을 숙달하기 위해 스프레딩을 통한 연습을 해보자.

- 내담자의 질문을 상상하자.
- 셔플과 스프레딩은 자신에게 익숙한 방식을 사용하자.
- 기존에 자신이 사용하던 방식으로 해석을 진행해 본다.
- 이번엔 선택한 카드별 스토리를 기억하고, 카드별 '직관의 고유성'의 상호 작용과정을 명상한다.
- 선택한 카드의 스토리들을 하나의 이야기로 묶어 보자.
- 그 이야기를 두고 명상한다.
- 이때, 카드의 고유성은 지속적으로 염두에 두고 있어야 한다. 새롭게 묶어 낸 이야기에 빠지다 보면 개별 카드의 고유성을 망각하기 쉽기 때문이다.
- 내담자의 질문을 되새기며, 새롭게 묶어 낸 이야기를 적용해 본다.

타로 앞에서 겸손함을 잃지 않되, 자신만의 통찰력에 대한 믿음에 자신감을 갖도록 해야 한다. 결국엔 믿음이다. 통찰력의 기저엔 근원의 메시지에 대한 믿음이 있다. 얼마나 그 믿음이 확고하느냐에 따라 얼마나 완성된 통찰력을 획득하느냐가 결정된다. 이 믿음은 타로에 대한 깊은 공부와 부단한 노력을 통해 자신의 것으로 만들 수가 있다. 이 책을 읽는 독자 모두에게 '직관의 타로'라는 한 차원 높은 신비의 세계를 경험할 수 있는 기회가 오길 바란다.

2021년 10월

adonai_paean, 장재웅

CONTENTS

PART 02

마이너 아르카나 - 코트 카드

PART 01

Major Arcana

메이저 아르카나

메이저 아르카나(Major Arcana)

메이저 아르카나는 인간의 삶과 대우주의 에너지를 관장하는 단어와 그림으로 이루어진 22장의 카드 세트이다. 카드에 표현된 모든 단어와 그림은 그 개체가 상징하는 의미와 위상에 일치하는 기하학적 위치에 조응하고 있다. 22장의 카드는 어스트랄러지(Astrology, 점성학)의 10행성, 12황도와도 교감하고 있으며, 원소론의 4원소와도 조응한다. 그뿐만 아니라 카발라(Kabbalah) 세피로트(Sephiroth)의 22경로의 의미도 담고 있다. 이렇듯 자신만의 개성을 지니고 있는 메이저 아르카나는 최종적으로는 대우주를 운전(運轉)하는 특별한 22개의 규칙을 표현한다.

타로를 제작하는 작가는 이런 규칙을 벗어나지 않는 선에서 콘셉트를 정하고 자신의 철학적 사고를 특정하여 도입함으로써 타로를 제작한다. 그 과정에서 8번 힘(The Strength)과 11번 정의(Justice), 그리고 4번 황제(The Emperor)와 17번 별(The Star) 카드의 트위스트가 빈번하게 일어난다. 한편, 각 카드를 지칭하는 용어도 게마트리아 수비학(Gematria Numerology)에 의거해 변화를 줌으로써 좀 더 섬세하게 제작하기도 한다. 이런 일련의 과정을 가장 완성도 있게 한 역사적인 타로 작가가 웨이트(Arthur Edward Waite)와 크로울리(Aleister Crowley)이다.

"나한테만 들리는
이 소리의 의미를
알아내야 해."

0_바보

메이저 아르카나 0번인 '바보(The Fool)'는 '공기'의 근원이며, 히브리어로 '알레프(Aleph)'
이고 로마자 알파벳으로는 'A'이다.

4원소 중 하나인 공기 속성의 근원은 인간이 동물의 본성을 벗고 이성을 가지는 최
초의 시발점이다. 알레프는 히브리어의 첫 글자로 황소를 가리키기도 하는데, 유대
인에게 황소는 '신(God)'을 의미한다. 여기서 신은 우리가 일반적으로 알고 있는 절대
적 존재라는 뜻도 있지만 그것보다 인간이 지닌 '주권'과 '생각'에 가깝다. 웨이트(Ar-
thur Edward Waite)와 파멜라(Pamela Colman Smith)는 인간이 처음으로 타인의 인식과 일반론
에 구애받지 않고 자신의 주권과 생각을 오롯이 세우고자 하는 의지를 바보라는 캐
릭터에 담아냈다.

간혹 뜬금없이 아이디어가 떠오를 때가 있는데, 그것이 일반론과 동떨어진 생각이라

고 느껴지면, 사람들에게 '바보' 취급을 당할까 봐 그 아이디어를 묵살하기도 한다. 그러나 타인의 의견에 구애받지 않고 아이디어를 실체화하여 성공한 사례도 왕왕 있다. 대표적인 것이 '지동설'이다.

지동설은 15~16세기 폴란드 천문학자 코페르니쿠스(Nicolaus Copernicus)로 하늘이 움직이는 것이 아니라 지구가 움직인다는 지동설을 주장했다. 당시만 해도 천동설이 지배하던 시기였기 때문에 코페르니쿠스의 주장은 묵살되었다.

이런 일반론에 맞서 자신의 주권과 생각을 증명하여 지동설을 확고하게 다진 사람이 나타났다. 16~17세기 이탈리아 과학자 갈릴레오 갈릴레이(Galileo Galilei)는 목성의 이동을 보고 지동설을 증명하였다. '바보 카드'의 속성을 이해하는 데 가장 좋은 사례가 바로 갈릴레오 갈릴레이다. 코페르니쿠스와 달리 갈릴레오는 그의 주장 때문에 모진 일을 당했다. 교황청에서 그에게 직접 주장을 철폐할 것을 요구했고, 이를 거부하자 감옥에 가두었다. 그럼에도 불구하고 그는 자신의 주장을 철회하지 않았다.

바보 카드도 마찬가지이다. 자신이 증명할 수 있는 생각이라면 자신 있게 말할 수 있어야 한다. 이것이 바보 카드에서 정방향의 의미이다. 그러나 사회적인 편견과 제제 때문에 못 하거나 또는 증명하지 못한 아이디어를 주장하는 것도 바보 카드의 영향이다.

정방향 이야기

이상한 소리를 듣는 아이가 있었다. 말을 하게 되었을 때 이 소리에 대해 주변 어른들에게 물어봤지만 아무도 알지 못했다. 아이의 부모는 굉장히 영향력 있는 귀족으로 많은 돈과 시간을 들여 아이의 치료에 전념했다. 아이가 성인이 될 때까지 이 이상한 소리는 멈추질 않았다. 성인이 된 아이는 이해할 수 없는 소리를 분석하기 시작했다. 방에 틀어박혀 아무도 만나지 않고 이 소리의 패턴을 분석했고 특정한 단어와 연결됨을 깨닫곤 번역하기 시작했다.

"괜찮아. '그'가 시키는 대로 하면 잘 될 거야."

역방향 이야기

번역한 내용을 보고 남자는 매우 놀랐다. 그 소리가 말하고자 하는 건 인간의 비겁한 역사와 종말을 예언하는 내용이었다. 그리고 종말을 피하기 위한 방법에 대해 말하고 있었다. 남자는 급하게 주변 사람에게 이를 알렸지만 많은 사람들이 미쳤다고 생각했고 믿지 않았다. 남자는 결국 자신의 귀족의 자리를 내려놓고 그 소리가 말하는 뜻을 따르기로 했다. 종말을 피하는 방법의 첫 번째는 '이 내용을 많은 사람에게 전달'하는 것이고, 두 번째는 '자신이 가진 것을 버려야 한다'는 것이었다. 남자는 손가락질 받으며 마을에서 쫓겨났지만 개의치 않았다. 남자의 행동을 말리는 사람도 있었지만 남자의 마음은 변하지 않았다. 세계의 진실을 알게 되니 이 세상에 보이는 모든 것은 그저 가시적인 현상들뿐이었다. 남자는 어디로 갈지 그리고 어떻게 이 내용을 전달할지 알지 못했지만 막상 자신이 가졌던 고민들을 놓고 나니 행복해졌다..

0_바보(The Fool)의 #해시태그

#A #알레프 #공기 #황소 #신 #주권 #생각 #인간의_의지 #아이디어_실체화 #지동설 #코페르니쿠스 #갈릴레오_갈릴레이 #이해할_수_없는_소리를_듣는_아이 #소리의_패턴을_번역함 #종말의_예언 #예언_설파 #자신의_권력을_버림 #세계의_진실 #고민_해결

"깊고 오묘한 신의
가르침을 많은 사람이
이해할 수 있도록
설명해야 해."

1_마법사

메이저 아르카나 1번인 '마법사(The Magician)'는 '수성(Mercury)'에 속하며, 히브리어로 '베트(Bet)'이고 로마자 알파벳으론 'B'이다.

수성은 태양계에서 어떤 행성보다도 빠른 속도로 태양을 공전한다. 이 때문에 전령의 신 헤르메스로 대표된다. 그 행동과 움직임이 빠른 만큼 주변 환경에 민감하고 더불어 적응도가 매우 높다. 다른 행성과 비교할 때 태양과 가까워졌다 멀어지는 시간이 짧아서 자주권을 가지고 강경하게 가치관을 관철하기도 하지만 쉽게 타인의 말을 믿고 의지하는 경향도 있다. 전달자 헤르메스를 상징하는 만큼 수성의 신속한 움직임은 '융통성'으로 해석되고 이는 더 나아가 '지성을 가진 자'로 해석되기도 한다.

베트는 문자 그대로의 상징은 '침대'지만, 그 속뜻은 '가족'을 의미한다. 자신이 지켜야 하거나 의존하는 존재들이 있는 곳을 상징한다.

수성과 베트로 만들어진 '마법사 카드'는 융통성 있고 재빠른 대처 능력 그리고 빠른 두뇌회전과 통찰력을 보여준다. 이를 통해 얻은 생각을 가족, 즉 자신의 사상을 이해하고 공감하는 사람들을 위해 사용한다. 자신이 신뢰하는 구성원을 대할 때는 굉장히 감정적이고 온화하지만 자신을 불신하면 정적이고 냉정한 모습을 보인다.

두뇌가 좋아서 자신에게 신뢰를 주는 자에게는 이득이 될 수 있는 방향을 전달하지만 자신에게 불신을 주는 자에게는 불이익이 될 수 있는 방향으로 이끈다. 세심한 변화를 감지하는 센스를 지니고 있고, 이를 적절하게 활용하는 재치도 있다. 그러나 신뢰와 불신을 가르는 기준이 얄팍하여 잘 속기도 한다.

귀족의 자제인 한 남자는 유명한 예언가의 예언에 따라 신과 대화 할 수 있는 능력을 얻게 된다. 남자는 성인이 되기까지 신과 대화함으로써 많은 것을 깨닫게 된다. 많은 사람들이 그 남자에게 기대를 가졌고 신이 어떤 이야기를 했는지 궁금해했다. 그러나 이 남자는 그 이야기를 어떻게 설명해야 할지 몰랐다. 세상에 존재하는 언어로 이야기 할 수 있는 내용이 아니었기 때문이다.

자신이 깨달은 내용을 최대한 전달하려고 많은 방법을 강구했다. 남자는 4개의 도구를 이용해 괴상하지만 진지하고 절도 있는 태도로 자신이 깨달은 바를 전했다. 이 남자는 신들이 인간세계에 풀어놓은 지혜를 대부분 알고 있었다. 그 깊고 심오한 지혜를 알기 쉽게 풀어내는 건 정말 매우 어려운 일이었다.

> "이상한 동작으로 우리를
> 현혹하고 있어.
> 저 남자는 분명 사기꾼이야."

이런 노력에도 사람들은 의아해했고 남자에게 돌아오는 평가는 차가웠다. 실제로 이 남자는 언어가 아닌 그저 춤사위 같은 동작과 도구를 흔드는 괴상한 행동을 했을 뿐이다. 게다가 자신의 가르침을 받았으니 자신에게 물질적 보상을 해야 한다고 강요했기에 사람들은 이 남자를 사기꾼처럼 대했다. 이 남자의 행동을 믿지 않고 부정적으로 보는 사람들도 있었지만 그 가르침을 깨닫고 따르는 사람들도 있었다. 남자는 자신이 추었던 동작과 도구에 대한 설명을 종이에 적어 마차를 가장 잘 타는 신도를 시켜 전 지역으로 전달했다. 시간이 흐르고 부정적으로 보던 사람들의 신고에 의해 이 남자는 종교적인 사기죄로 구속될 위기에 처했다. 남자는 이미 그렇게 될 줄 알고 있었기에 당황하지 않았다. 그저 자신은 춤을 추고 그 춤에 감명받은 사람들이 모였으며 그것을 시기하는 사람들이 자신을 모함했다고 항변했다. 이렇다 할 불법적인 금전 갈취 등의 행적이 보이지 않았기에 무죄 선고를 받았다.

1_마법사(The Magician)의 #해시태그

#B #베트 #수성 #헤르메스 #융통성 #대처능력 #지성을_가진_자 #침대 #가족 #의존하는_존재 #두뇌회전 #통찰력 #내편과_네편 #센스와_재치 #신뢰와_불신 #신과_대화하는_남자 #세상언어로_이해할_수_없는_내용 #4개의_도구로_지혜의_내용을_풀어놓음 #이해하지_못한_대중의_차가운_평가 #사기꾼으로_오해 #사기죄로_구속 #무죄_선고

"깨달음을 얻기 위해서
할 수 있는 게
노력밖에 없어."

2_고위 여사제

메이저 아르카나 2번인 '고위 여사제(The High Priestess)'는 '달(Moon)'에 속하며, 히브리어로 '기멜(Gimel)'이고 로마자 알파벳으론 'C', 'G'이다.

달은 사람의 감정의 기질과 무의식적 습관, 기억과 연관되며, 수동적인 생각과 행동을 의미한다. 이성을 배제한 본능적인 감각을 상징하며 사냥의 여신 '디아나(Diana)'로 대표된다.

기멜은 '발'을 상징한다. 그래서 '이동하다', 물건을 '옮기다'라는 의미로 파생하고 사람들이 '모이다', '조직을 형성하다'로 확장한다. 유대인들은 기멜을 '낙타'에 비유했다. 사막 이동이 잦았던 유목민족에게 낙타는 목숨과 같았다. 유대인들에게 신은 황소였으나 현실에선 뜨겁고 차가운 사막을 무거운 짐과 인간을 싣고 아무렇지 않게 오갈 수 있는 낙타를 신 모시듯 소중히 다루었다. 따라서 기멜은 '근성 있는', '건실하다'는 의미로 사용할 수 있다.

달과 기멜로 만들어진 '여사제 카드'는 이성을 배제한 본능적 감정과 기멜의 현실적인 성실함이 충돌하는 형국이다. 하고 싶은 것과 그것을 통제하는 압력이 충돌한다. 이 상황에서 어느 한쪽으로도 치우치지 않고 중용을 지킴으로써 깨달음을 얻어가는 여성이 바로 고위 여사제이다. 세심하게 자신을 컨트롤하여 누구의 도움 없이 높은 경지에 이른 자를 의미한다. 이런 이유 때문에 고위 여사제 카드에는 '엄청난 노력'이라는 키워드를 바탕에 둬야 한다.

아무런 재능과 운 없이 태어난 데다 불우한 환경에서 자란 소녀가 있었다. 일찍이 어머니를 여의었고 아버지는 어린 그녀를 두고 도망갔다. 돈도 힘도 없이 악이 서린 손길에서 그녀가 의지할 수 있는 곳은 신앙밖에 없었다. 굶주림과 멸시, 폭력까지 서슴지 않은 사회를 피해 신앙에 자신을 맡겼다. 그녀는 율법서를 수백 번 수천 번 수만 번 정독했고 한 글자 한 글자를 머리와 몸, 가슴에 새겼다. 오랜 시간 그녀는 깨달음을 얻는 것만을 생각하며 신앙에 매진했다. 정신을 차리고 보니 여자로서는 앉을 수 없는 사제의 자리에 앉아 있었다. 이제 깨달음을 구하는 위치가 아닌 깨달음을 전하는 위치라고 사회에서 정해준 것이다.

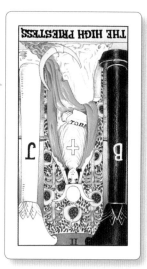

"싫은 것을 하는 것이 옳은 것일까?
그른 것일까? 잘 모르겠어."

**역방향
이야기**

여사제의 자리에 올라선 이후 그녀는 마음이 흐트러지기 시작한다. 깨달음을 위한 시간을 얻기 위해 이 자리를 내려 놓을 것인가 아니면 깨달음을 전하며 권력을 누릴 것인가에 대한 고민으로 시작되었던 것이다. 어떤 선택도 하기 어려워 율법서를 보는 시간보다 생각하는 시간이 많아졌고 점차 혼자 있는 시간보다 사람들을 마주하는 시간이 길어졌다. 어느 날 그동안 잊고 있었던 어린 시절 고통이 떠올랐고 자신에게 깨달음을 구하는 사람들에게 구역질이 났다. 자신이 인간에 대해 근본적인 악의가 있음을 느꼈다. 그녀는 또 고민에 빠졌다. 내 악의를 그대로 표현해야 할까 아니면 가면으로 악의를 숨기고 현실에 맞게 합리적 행동을 해야 할까. 그녀는 선택하지 못했다. 끝까지 선택하지 못했다.

2_고위 여사제(The High Priestess)의 #해시태그
#C #G #기멜 #달 #디아나 #감정의_기질 #무의식적_습관 #기억 #수동성 #발 #이동하다 #옮기다 #모이다 #낙타 #근성 #건실 #하고_싶은_것과_그것을_통제하는_힘의_충돌 #중용 #스스로_다스림 #엄청난_노력 #불우한_환경의_소녀 #신앙에_의지 #율법서_탐독 #노력으로_오른_여사제 #방만해진_마음 #깨달음인가_권력인가 #어린_시절_불행의_기억 #인간의_악의에_대한_혐오감 #선택하지_못함 #우유부단

> "나라를 풍요롭게
> 하는 것이
> 나의 책무다."

3_여황제

메이저 아르카나 3번인 '여황제(The Empress)'는 '금성(Venus)'에 속하며, 히브리어로 '달레트(Dalet)'이고, 로마자 알파벳으론 'D'이다.

금성은 지구와 수성 사이에 있는 행성으로 아름다움과 조화를 상징한다. 이에 걸맞게 미의 여신 아프로디테로 대표되고 '다산'과 '욕망' 및 '매력'에 연관되어있다.

달레트는 '문(Door)'을 의미한다. 유목민족이었던 유대인은 텐트를 집으로 생각하며 살았고, 그 텐트에 천을 매달아 '문'을 만들었다. 달레트는 실내 보안을 위해 출입구를 막는 기능보다 나가고 들어오는 것을 목적으로 하는 문을 상징하기에 '약한'이라는 의미로 파생된다. 이런 상징적 의미 탓에 여성의 속옷(성관계를 위한 속옷의 탈의)으로 해석되기도 한다.

금성과 달레트로 만들어진 '여황제 카드'는 금성의 다산에 대한 욕망과 여성적 매력으로 육체적 행위를 이끌어내는 카드로 오역하기 쉽다. 여황제를 임신으로 편의적으로 해석할 수 있으나 이 해석을 실제 타로 리딩에 접목할 때는 주의가 필요하다. 여황제가 갖는 다산의 상징은 거시적으로 집단의 이익을 위한 생산 활동, 즉 노동력 생산을 의미한다. 더 섬세하게 생각해 보면 이 카드에서 나타난 임신은 계획적이고 자연스럽게 이루어진 신성하고 합리적인 성행위에서 이루어진 결실이다. 즉각적으로 임신이라고 해석하기보다 집단의 목적을 향해 달려가는 리더 옆에서 그 목적이 이익으로 창출될 수 있게끔 조율하고 포장하는 행위나 인물로 우선 해석하는 것이 옳다.

정방향 이야기

제국의 황제는 매우 강하고 엄격해야 한다. 반면 황후는 황제가 체면상 하지 못하는 자질구레한 감정적인 일들과 처세를 책임지고 맡아야 한다. 제국의 황제는 영토 확장과 전쟁에 몰두해야 했기에 내정에 신경 쓸 겨를이 없었다. 국정을 도맡아 하는 귀족이 따로 있었지만 그들은 황제의 시선이 다른 곳으로 향해 있었기에 자신들의 잇속을 챙기느라 바빴다. 결국 황제 다음 권력자인 황후가 나서서 국정을 맡았다. 황후는 사교 활동을 통해 여러 지역의 귀족에게 국정 상황을 전해 듣고 고찰하여 올바른 방향으로 갈 수 있도록 방향성을 조언하거나 직접 지휘하기도 했다. 정치가 부정한 방향으로 흐르라치면 권력을 사용하여 제지했다. 권력을 효과적으로 사용하기 위해 경제 지식과 정치 흐름 전반을 면밀히 살피는 등 정복한 지역의 내정을 다스려 국력을 온존하거나 보강하는 역할을 했다.

"내 남편은
언제쯤 나와 합방할까?"

제국의 어머니로서 내정을 다스리고 국가의 풍요를 유도하는 중책을 맡고 존경받는 위치이지만 황후도 여자였기에 전쟁과 결혼한 남편이 야속하게 여겨지는 것은 어쩔 수 없었다. 황후는 자신에게 한 번이라도 눈길을 주길 바라며 매력적인 옷을 입고 화장을 했으며 교양을 익혔다. 단순히 여자로서의 허전함뿐만 아니라 황후로서의 입지는 아들인 황태자로부터 나오기 때문에 황제와의 합궁을 통한 임신이 매우 중요했다. 그 때문에 황제의 첩들에게 매우 큰 질투를 느끼며 심한 견제를 할 수밖에 없었다.

3_여황제(The Empress)의 #해시태그
#D #달레트 #금성 #아프로디테 #아름다움 #조화 #다산 #욕망 #매력 #Door #여성의_속옷 #약함 #임신 #조력자 #노동력 #생산성 #황후의_처세 #잇속_챙기는_귀족 #황후의_사교활동 #정치적_조력 #여성인_황후 #사랑이_필요함 #허전함 #질투심

"나의 권력과 정치력은
이 세상에서
최고다."

4_황제

메이저 아르카나 4번인 '황제(The Emperor)'는 '양자리(Aries)'에 속하며, 히브리어로 '헤
(Heh)'이고 로마자 알파벳으론 'E'이다.

양자리는 보이오티아의 왕 아타마스와 네펠레의 자식인 프릭소스와 헬레의 이야기
를 신화로 가지고 있다.

아타마스는 네펠레에게 흥미를 잃고 테베의 왕 카드모스의 딸인 이노와 결혼하게
되는데, 이노는 전처 자식인 프릭소스와 헬레를 싫어했고, 아타마스에게 이간질하여
아이들을 제거하려 했다. 권위적이지만 머리가 그다지 좋지 못한 아타마스는 아이들
을 죽이려 했고, 이를 사전에 눈치챈 네펠레가 신에게 구원의 기도를 올렸다. 이 기
도를 들은 헤르메스가 황금털 양을 보내 아이들을 구했으나 해협을 통과하는 과정
에서 여동생인 헬레가 바다에 빠져 죽었다. 오빠인 프릭소스는 슬펐으나 자신을 살

려준 신에게 기도를 올렸고 이에 감복한 제우스는 아이들이 탔던 황금털 양을 별자리로 만들었다.

헤는 '봐라[Look]'를 의미한다. 또한 헤는 'hey'로 표기하기도 하는데, 흔히 누군가를 부르거나 어딘가를 가리키며 하는 말인 '헤이'를 연상할 수 있다. 아름다운 장면이나 장소를 보며 같이 보자는 의미의 감탄사이기도 하지만 누군가에게 명령을 내리기 전에 지명하는 말이기도 하다. 비격식체로 친분이 있거나 상하 관계에서 위를 차지한 사람이 예의를 갖추지 않고 밑에 사람을 지목하는 의미이기도 하다.

양자리와 헤를 통해 만들어진 '황제 카드'는 인간이 가진 '권력'과 '지배욕'을 보여준다. 이런 권력과 지배욕에 의해 생기는 '리더십'과 '꿈을 향한 열정'을 긍정적으로 보여주지만, 그 욕구가 지나쳐 사상에 따른 '집단의 균열'을 자초하고 만들어내는 다소 폭력적인 형태를 만들어 내기도 한다.

인간 세계에서 최고의 권력을 지닌 유일한 사람인 황제는 누구보다 큰 야망을 가진 남자였다. 이 남자는 최고가 되기 위해 많은 흉계를 꾸미고 폭력을 일삼았다. 자신에게 해가 될 것 같으면 사람을 고용해 반대하는 자들을 서슴지 않게 처단했다. 자신에게 찬성하는 자들은 치밀하게 이용하였고, 그 결과 최고의 위치에 올라설 수 있었다. 황제가 되고 나서 자신의 권위를 최대한 보여주기 위해 노력했고, 황제는 권력, 승부욕, 지배욕, 열정, 강력한 정치력 등의 상징으로 여겨졌고, 인간 세계에서 성공한 남자의 지표가 되었다.

"언젠가 이 자리를 뺏으려는 인간이 나타날 거야. 조심해야 해."

황제는 인간 세계에서 최고의 권력을 가졌지만 그 달콤함을 누리기보다 걱정이 앞섰다. 자신이 황제의 자리에 오르기까지 행했던 악행들 때문이었다. 황제는 겉으로 보기엔 오만했으나 절대 자만하지 않았다. '나와 똑같이 생각하고 행동하는 자가 있을 거야. 안심하면 안 돼.' 하며 매 순간 이런 생각을 곱씹었다. 자신의 권위를 노리는 사람이 있는지 항상 걱정하고 확인하였으며 의심하였다. 그리고 언제 암살당할지 몰라서 항상 갑옷을 챙겨 입었다. 황제는 남자의 성공적인 모습을 표면적으로 보여주었지만 실제 본인은 누구보다 겁쟁이였다.

4_황제(The Emperor)의 #해시태그

#E #헤 #양자리 #네펠레 #황금양 #봐라 #Look #hey #권력 #지배욕 #리더십 #꿈을_향한_열정 #집단의_균열 #인간계_최고_권력자 #야망 #흉계와_폭력 #반대파_처단 #권위 #열정 #지배욕 #성공한_남자의_지표 #과거_악행으로_인한_걱정 #노심초사 #반란과_암살에_대한_우려 #겁쟁이

"당신의 고민을
모두
해결해 드립니다."

5_교황

메이저 아르카나 5번인 '교황(The Hierophant)'은 '황소자리(Taurus)'에 속하며, 히브리어로 '바브(Vav)'이며 로마자 알파벳으론 'V', "W", "Y"이다.

황소자리에는, 제우스가 황소로 변해 아름다운 여인 에우로페를 유혹하고, 그녀를 하늘 또는 바다를 통해서 다른 곳으로 데려갔다는 신화가 있다.

바브는 '못'을 의미한다. 유목민족이었던 유대인들은 주거용 텐트는 야생동물로부터 자신을 격리하는 최소한의 수단이었다. 이 텐트를 단단하게 '고정'하는 못은 자신을 지킬 수 있는 주거지를 '단단'하게 만들어주는 도구였다. 바꿔 말하면 자신이 가진 사상과 생각을 단단히 할 수 있는 '신념'과 같은 것이다.

황소자리와 바브로 만들어지는 '교황 카드'는 '악마 카드'와 비교된다. 황소자리와 염소자리의 공통점은 집착된 사랑을 했다는 것이고, 다른 점은 정중함과 예의가 있었느냐 여부이다. 목신(牧神) 판은 시링크스에 집착했고, 반면에 제우스는 에우로페에게 강하고 아름다운 남성미를 보여주었다. 이렇게 비교하는 이유는 교황 카드와 악마 카드는 같은 의미를 가지지만, 다른 방향으로 분화하기 때문이다. 의도와 결과는 다르지만 악마와 교황 둘 다 인간을 다룰 수 있다. 무서운 점은 둘 다 정답이 아닐수도 있고 정답일 수도 있다는 점이다. 쾌락이 죄악이라면 문화는 없었을 것이다. 윤리가 죄악이라면 혼란한 세상이 되었을 것이다. 물질계에 얽매여 있는 이상 이 둘을 공존해야 하지 않을까?

교황 카드는 고집 있는 사람이나 신념이 강한 사람을 의미하고 강력한 조언자나 해결책을 제시해 줄 사람을 의미한다.

목신(牧神) 판의 장난으로 모든 인간이 쾌락과 윤리 사이에서 혼란을 겪는다. 신들은 인간에게 계속 말을 걸었지만 알아듣는 이는 몇 명 없었다. 있다 하더라도 메시지를 확실하게 알아듣는 이는 오직 한 명밖에 없었다. 신앙심이 전부였던 그는 돈도 권력도 인맥도 없었다. 오로지 신을 섬기는 것으로 만족했던 그는 어느 날 갑자기 신의 목소리를 듣게 되었고 인간을 뛰어넘는 지혜를 가지게 된다. 자신의 목소리로 신의 이야기를 전달하고 확고한 신앙심으로 판의 장난으로부터 인간들을 쾌락으로부터 구해내고자 노력했다. 그는 어느새 종교지도자의 위치에 올라서게 되었고, 사람들은 그에게 수많은 고민을 토로했다. 그때마다 그는 알맞은 조언과 해결책을 제시했다. 다만 너무 고집 센 신앙심 때문에 대부분의 해결책은 신앙심을 가지는 것으로 마무리되는 경향이 있었다. 이런 단점이 오히려 사람들에게는 신비로움을 느끼게 했고 신뢰를 주기도 했다. 그래서 그에게 감화되는 사람들이 많아졌다.

> "열쇠만 주십시오."
> "저희는 당신이 없으면 안 됩니다."

사람들은 그 종교지도자를 찾아와 그의 밑에서 종교생활 하기를 희망했다. 그 사람의 현명하고 신묘한 해결책에 매료되어 모든 선택을 그에게 맡기기 시작했다. 점차 사람들은 자신이 선택할 권리가 있다는 사실을 잊었고 사소한 것조차 선택하지 못하게 되었다. 어느 날 그 남자는 포교활동을 위해 다른 곳으로 떠났고, 지역에 남은 사람들은 집단 공황에 빠져버렸다. 그는 많은 사람들에게 해결책이 될 열쇠는 주었지만 그 열쇠를 스스로 만드는 방법을 알려주진 못 한 것이다.

5_교황(The Hierophant)의 #해시태그

#V #W #Y #바브 #황소자리 #제우스와_에우로페 #못 #고정 #단단 #신념 #악마카드와_비교 #염소자리 #판과_시링크스 #집착의_사랑 #예의 #인간을_다룸 #정답과_오답 #고집 #해결자 #목신_판의_장난 #쾌락과_윤리_사이_혼돈 #신의_목소리 #종교지도자 #고민_상담 #해결책은_신앙심 #자신의_선택권을_잊어버린_신도들 #남은자들의_공황상태 #자립심_부재 #열쇠를_만드는_법

"저 남자를 어떻게
   설레게 할 수 있을까?"
"저 여자가 날
   설레게 하네."

6_연인

메이저 아르카나 6번인 '연인(The Lovers)'은 '쌍둥이자리(Gemini)'에 속하며, 히브리어로 '자인(Zain)'이고 로마자 알파벳으론 'Z'이다.

쌍둥이자리는 제우스의 피를 이어받아 불사신이 된 동생 폴룩스가 불사신이 아닌 형 카스토르의 죽음에 슬퍼하는 것을 본 제우스가 안타까워 별자리로 만들었다는 신화를 바탕으로 하고 있다. 서로 다른 존재이지만 '혈연'이라는 강력한 유대로 연결됨을 의미한다. 쌍둥이자리의 속성인 '공기'는 연인 관계에서 자유로움을 뜻하여, 자유롭게 자신과 인연이 닿는 개체를 찾아다니는 것을 의미한다.

자인은 '칼'을 뜻하는데, 고기를 반으로 가르는 것으로 표현하거나 밭에 씨앗을 뿌리기 위해 가르는 것을 의미한다. 즉, 한 개인 것을 두 개로 갈라냄을 말하고 본래 한 개였던 것이 현재는 두 개임을 말하는 것이다.

쌍둥이자리와 자인으로 만들어지는 '연인 카드'는 본래 한 개체였던 것이 두 개로 갈라지고 두 개로 갈라진 개체들은 본래 한 개체였던 것을 기억 또는 이해는 못 하지만 '감정'과 '느낌'으로 이해하고 있음을 의미한다. 따라서 사랑을 느낄 때 하는 말인 '느낌이 통했다'라는 말이 나온다면 그것은 이 연인 카드의 '러버스'가 발동했음을 의미한다.

정방향
이야기

한 몸에서 남자와 여자가 태어났다. 외롭고 고독했던 '하나'가 '둘'이 된 것이다. 하나였던 것에서 갈라질 때 서로 필요한 존재가 되도록 서로에게 가지지 못한 것을 가지게 되었다. 그러나 이들은 원래 하나였던 것을 몰랐다. 각자가 부족한 부분이 무엇인지 깨닫고 자신의 부족함을 가진 상대방에게 설렘을 느꼈다. 남자는 여자를 보고 설렜고 여자는 남자를 보며 설렜다. 남자는 여자를 설레게 하고 싶고 여자도 남자를 설레게 하고 싶어 한다. 서로 다른 형태와 감정을 가졌지만 이들은 서로 하나였기에 같은 생각과 같은 행동양식을 가지게 되었다. 서로가 서로를 원함을 알게 되면서 그것을 성취하기 위해 서로 노력했다.

"이것들이
둘이서 하나인 줄 모르는군."

역방향 이야기

설레는 감정으로 서로를 원하는 남자와 여자를 대천사는 지켜보고 있었다. 서로 다르지 않고 같은 몸에서 태어났음을 깨닫지 못함을 보며 그들의 우매함에 질려버린다. 설렘이라는 감정이 정신을 지배하면 경쟁과 질투 그리고 서로 다름에 의해 발생하는 오해와 다툼으로 악의와 거짓이 생긴다는 사실을 대천사는 알고 있었다. 하지만 대천사는 이 사실을 그들에게 알릴 의무가 없었다. 더군다나 그로 인해 주신에게 미움을 받는 것도 싫었다. 단지 서로 다르다는 것 때문에 생기는 죄악이 있는지 지켜보고 그것에 대한 조치만 취하면 될 뿐이었다. 분명히 이들은 규칙을 어기는 죄악을 저지를 것이고 설렘만이 사랑이 아님을 깨닫게 될 것이다. 서로 다름을 이해하며 고뇌하며 자신의 죄악을 반성하게 될 남자와 여자를 지켜보며 그 결과로 빚어질 참담함에 대천사는 눈을 감아버렸다.

6_연인(The Lovers)의 #해시태그

#Z #자인 #쌍둥이자리 #폴룩스 #카스토르 #혈연 #공기 #자유로움 #칼 #가름 #감정 #느낌 #설렘 #한몸 #러버스 #사랑 #한몸에서_태어난_남녀 #외로움과_고독함 #서로_부족한_부분 #설렘 #같은_생각 #노력 #대천사 #설렘의_지배 #경쟁과_질투 #오해와_다툼 #악의와_거짓 #설렘만이_사랑은_아님

"사람들에게
신의 가르침을
빠르고 많이
전달해 줘야지"

7_전차

메이저 아르카나 7번인 '전차(The Chariot)'는 '게자리(Cancer)'에 속하며, 히브리어로 '헤트 (Chet)'이며 로마자 알파벳으론 'H'이다.

게자리는 헤라클레스의 12가지 임무 중 히드라 이야기를 기반으로 한다. 이 둘은 서로 비등한 실력을 갖추고 있었다. 이를 지켜보던 헤라가 헤라클레스를 방해하기 위해 큰 게 한 마리를 몰래 보낸다. 결정적인 순간, 게는 집게발로 헤라클레스의 발을 물었지만 헤라클레스가 집게발을 밟아 죽인다.

헤트는 '벽'을 말한다. 벽은 외부로부터 자신을 지키는 울타리이고 외부와 단절된 '고집스러운 사상'과 '보수적 전통'을 상징한다.

예루살렘의 '통곡의 벽'을 생각해보자. 예로부터 유대인의 종교적 지식과 학문적 발전은 눈부셨지만 배타적인 종교성 때문에 오만해 보이고 보수적인 느낌이 있었다.

게다가 군사적으로 힘이 약했기에 주변 국가들에 침략당하고 조롱받았다. 통곡의 벽은 이러한 고대 유대인들의 역사를 보여주는 성지다.

게자리와 헤트로 만들어지는 '전차 카드'는, 빠른 행동력과 단단해 보이는 외견으로 신뢰와 강인함을 보여줌과 동시에 그 이면에는 보수적이고 개인주의적인 사상을 강하게 보여주는 카드다. 이는 겉으로 보이는 모습과 실제 속마음은 매우 다를 수 있다는 걸 의미하며, 만물의 '양면성'을 상징한다. 게는 굉장히 단단해 보이는 외견에 비해 속살이 매우 부드럽고, 벽은 굉장히 단단해 보이지만 벽은 침략에 대한 두려움을 반증하는 것이다.

전차 카드는 자신에게 안전하면서 옳다고 생각하는 사건에 대해서 꼼꼼하게 따져보곤 한다. 만약 그 사건이 자신에게 안전하고 확실한 것이라면 누구보다 빠르고 정확하게 일을 해결한다. 반대로 그 사건이 자신에게 안전하지 않고 불확실한 것이라면 누구보다 빠르게 그 사건에서 벗어난다.

벗어나면서도 자신의 안전을 생각하는 경향이 있어서 자신에게 불똥이 튈 만한 것은 남에게 미루거나 거짓말을 하기도 한다. 전차 카드는 진취력 있고 빠른 해결이라는 의미가 있지만, 이런 의미를 가지기까지는 자신의 나약한 정신을 의지할 곳이 필요하다.

정방향 이야기

사기꾼이자 현자이고 혁명가로 유명한 마법사의 이야기에 감화된 한 사람이 있었다. 마법사와 마찬가지로 이 남자 또한 여신의 속삭임을 들었기에 물질계의 위험에 대해서 조금 알게 되었다. 이 남자는 이동 수단이 되는 도구를 굉장히 잘 다뤘기에 마법사의 사상과 철학을 빠르게 전달할 수 있었다. 이 남자는 기계를 잘 다루기도 하고 여신에게 특별한 영성을 받기도 했지만 이것을 사람들에게 말하는 방법을 몰랐고 알았더라도 사람들과 어울리는 걸 기피하는 성격이라 마법사의 이야기를 전달하는 것으로 만족했다. 사람들 눈에는 말이 없고 무뚝뚝한 사람처럼 보였기에, 고집 있는 신뢰할 만한 사람으로 여겨졌다.

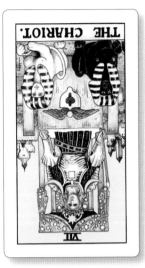

"어떤 결정을 내리든
아마도 나에게 피해가 올 것 같아."

그 사람은 점점 마법사가 자신의 사리
사욕을 위해 신을 이용하는 부분이 있
다는 사실을 알게 되었다. 이 남자는 신
의 이야기를 요령 있게 잘 전달해 줄 수 있는 사람은 마법사뿐이라 생각했지
만, 동시에 마법사가 세상을 절망으로 몰아넣을 수도 있다는 불안감을 가지
게 되었다. 평소와 같이 마법사가 준 두루마리를 방방곡곡 전달하던 남자는 그 두루마리를 보며 심각
한 고민에 빠졌다. 이전과 같이 빠르고 신속하게 전달할 수 없었다. 남자는 결단을 내리기 어려웠다.
마법사의 두루마리를 지금처럼 계속 전달해도 자신에게 피해가 올 것이고, 전달하지 않아도 자신에
게 피해가 올 것이라 생각했다. 남자는 자신의 상상으로 인해 생긴 두려움 때문에 고통스러워했고 몸
을 지키기 위해 여신에게 받은 갑옷으로 철저하게 무장하여 자신을 지키려고 했다. 하지만 정작 중요
한 정신을 지켜줄 수 있는 건 아무것도 없었다.

7_전차(The Chariot)의 #해시태그
#H #헤트 #게자리 #헤라클레스 #히드라 #집게발 #벽 #울타리 #고집스러운_사상 #보수적_전통
#통곡의_벽 #양면성 #단단함과_두려움 #재빠름 #나약함 #사기꾼이자_현자 #혁명가이자_마법사
#신의_이야기를_묵묵히_전달하는_사람 #마법사의_사리사욕 #전달하는_남자의_의심 #우유부단
#철갑_무장 #정신은_지키지_못함

"마을 사람들과
나를 위해
이 사자를 다뤄내야 해."

8_힘

메이저 아르카나 8번인 '힘(Strength)'은 '사자자리(Leo)'에 속하며, 히브리어로 '테트(Tet)'
이며 로마자 알파벳으론 'Th'이다.

사자자리는 에우리스테우스가 헤라클레스에게 준 12개 임무 중 하나인 '네메아의
사자' 이야기를 신화로 가진다. 헤라클레스는 이 괴물 사자를 죽이기 위해 찾아간
마을에서 몰로르코스라는 농부의 집에 머물렀다. 이 농부는 사자에게 자신의 아들
을 잃었지만 사자에게 복수할 힘과 방법이 없었기에 슬픔에 잠겨 있었다. 사자를 잡
으러 왔다는 헤라클레스에게 자신의 전 재산인 양 한 마리를 대접하려 했지만 헤라
클레스는 이를 말렸다. 만약 사자를 잡아 오면 제우스에게 양을 바치고, 30일 이내
에 돌아오지 못하면 자신에게 제물로 바치라고 말한다. 결국 헤라클레스는 사자를
잡았고 몰로르코스는 제우스에게 양을 바친다. 여기서 죽은 네메아의 사자를 제우

스가 별자리로 만든 것이다.

테트는 '바구니'를 의미한다. 단어의 의미로는 '포함하다'는 의미를 가지며, 시장과 같은 다양한 물건을 담아 두는 장소를 의미하기도 한다.

사자자리와 테트로 만들어진 '힘 카드'는 자신의 '신념'과 그것을 사용하고자 하는 '용기(勇氣)'를 의미한다. 헤라클레스가 몰로르코스에게 재물을 제우스에게 바치라고 한 말은, 너의 복수가 남의 손에 의해 완성되었으니 이를 기뻐하기 전에 자신의 신념을 이루게 해준 신에게 감사하고 기억하라는 의미이다. 자신에게 바치라고 한 말은 용감하게 자신이 하고자 하는 일에 책임을 진 사람을 기억하며 자신 또한 그런 용기를 가질 수 있도록 독려하라는 의미이다.

테트는 이런 용기와 신념을 흘리지 않도록 담아두어야 하고 누구나 그것을 볼 수 있도록 항상 정돈된 상태를 유지해야 한다는 의미를 가진다.

정방향 이야기

작은 시골 마을에 태어날 때부터 생긴 병 때문에 거의 집 밖으로 나가지 못하는 한 소녀가 있었다. 계급 사회에서 하층민 중 하층민에 속하는 집안이었다. 소녀는 소일거리를 맡아 집에서 벌어먹었고 유일한 취미는 적은 돈을 모아 책을 사 읽는 것뿐이었다. 어느 날 이 마을에 성격 나쁘기로 유명한 귀족이 방문했고 순박한 이곳 사람들은 귀족의 비위를 맞추지 못했다. 귀족은 마을 사람을 괴롭히기 위해 자신이 애완용으로 키우는 사자를 보여주며 이 마을에서 가장 약한 소녀가 이 사자와 싸운다면 자신에 대한 무례를 용서하겠다고 말했다. 마을 사람들은 황당하고 어이없는 명령이라 여기고, 소녀에게 자초지종을 설명하고 도망가라고 했다. 그러나 소녀는 자신이 도망가면 마을 사람들이 모두 죽임을 당할 것이고, 이곳은 자신이 나고 자란 마을이라며, 지금의 상황을 담담하게 설명하여 사람들을 설득했다. 결국 소녀는 마을 사람들의 걱정을 뒤로하고 직접 사자와 상대하러 용감하게 나섰다.

"이 향기만 없으면
당장이라도 먹어버릴 텐데."

**역방향
이야기**

소녀가 마주한 사자는 며칠을 굶었는지 매우 흥분한 상태였다. 소녀를 보자마자 으르렁거리며 침을 흘렸다. 소녀는 겁먹지 않았다. 오기 전에 책에서 봤던 사자가 좋아하는 향기 나는 풀로 자신을 치장했기 때문이다. 사자는 굶주림에 흥분했지만, 동시에 좋은 향기로 인해 이러지도 저러지도 못하고 소녀의 손길에 자신을 맡겼다. 그 모습을 본 귀족은 상황이 이상하게 흘러가자 소녀에게 옷을 벗으라고 강제로 명령하였고 소녀는 어쩔 수 없이 모든 것을 벗었다. 향기가 없어진 소녀는 사자에게 그저 먹기 좋은 먹잇감이었다. 소녀가 죽자 마을 사람들은 귀족의 처사에 크게 분노했다. 모든 마을 사람들이 무기로 사용할 도구를 가지고 나와 사자를 쳐 죽이고 귀족과 그들의 몇 안 되는 병사의 팔다리를 잘라냈다.

8_힘(Strength)의 #해시태그

#Th #테트 #사자자리 #네메아의_사자 #헤라클레스 #몰로르코스 #세불 #양_한마리 #바구니 #포함 #시장 #신념 #용기 #시골마을_하층민 #병약한_소녀 #독서광 #나쁜_귀족의_애완용_사자 #사자와_소녀의_대결 #마을사람들을_위해_결투에_나서는_소녀 #소녀의_지혜 #사자를_다스리는_향기 #귀족의_부당한_명령 #사자에게_당한_소녀 #마을사람들의_분노 #사자를_죽임 #귀족의_사지절단

"이 세상의 진실은
무엇인가?"

9_은둔자

메이저 아르카나 9번인 '은둔자(The Hermit)'는 '처녀자리(Virgo)'에 속하며, 히브리어로
'요드(Yod)'이며 로마자 알파벳으론 'I'이다.

처녀자리의 대표적인 신화는 대지의 여신 데메테르의 딸인 페르세포네이다. 꽃밭에
서 놀고 있던 페르세포네에게 반해 저승의 신 하데스가 그녀를 납치해 지하 세계로
끌고 간다. 딸을 잃은 데메테르는 딸을 찾기 위해 화도 내고 슬퍼도 하면서 고군분
투한다. 이 과정에서 데메테르가 관리하는 대지의 풍요에 변화가 생기게 된다. 다른
신들의 도움으로 하데스에게 납치된 페르세포네를 보게 되지만 안타깝게도 지하세
계를 완전히 벗어날 수 없었다. 그 때문에 하루의 절반은 지상에 나머지 절반은 지
하에 머무르게 된다.

요드는 '손'을 뜻한다. 무엇인가를 만드는 손은 '창조'의 의미를 가진다. 그러나 일상

생활에서 얼마나 중요한 신체인지 인식하기 어렵다.

처녀자리와 요드로 만들어지는 '은둔자 카드'는 처녀자리의 생산성과 요드의 창조성이 합쳐져 의미를 발현한다.

페르세포네 신화에서 의미하는 바는 '곡물의 발아', '계절의 변화'를 의미한다. 계절의 변화에 맞춰 키우고 인내하면 양식이 될 수 있는 곡물이 자란다. 이 과정에서 인간은 손(기술, 노력, 노동)을 사용하게 되고 육체적 고통을 느끼게 된다. 인간에게 음식은 매우 중요하다. 인간세계의 중요한 것은 모두 연구와 노력, 실패로 발전한다. 그 과정에서 발생하는 고통과 고독은 과연 인간에게 해로운 것일까? 얻는 것이 있다면 잃는 것이 있는 것이 당연한 이치이다. 얻는 것과 잃는 것을 적절하게 조율하면 인간으로서의 삶은 만족스러운 것이다.

은둔자는 고독함, 학식이 깊은 사람의 조언, 공부, 깨달음의 의미를 가진다.

진리를 찾고자 연구에 한평생을 바친 학자가 있었다. 어릴 때부터 단지 가설을 기반으로 한 관찰과 탐구, 추론만으로 해답을 찾았다. 이 과정은 쉽지 않았다. 누구도 알지 못했고 작은 실마리조차 없었으며 조언과 토론할 상대도 없었다. 그래서 자신이 발견한 것이 과연 진실인지 아닌지 확인하기도 어려웠다. 이렇게 힘든 시기가 꽤 오래도록 흘렀다. 아무런 신의 가르침도 영적 체험도 받지 않은 상태에서 한평생을 자기 자신과 싸운 결과로 몇 가지 결과물을 얻었다. 오로지 자신의 노력만으로 이룬 것이지만 세상을 바꿀 업적이었고, 몇 안 되는 결과물로도 충분히 '현자'라고 불리었다.

> "진실에 얽매여
> 많은 것을 잃었구나."

역방향 이야기

이 현자는 진리의 핵심을 알고 나서 자신을 돌아보게 되었고 자신이 진리를 찾기 위해 너무 많은 시간을 허비했다는 것을 깨달았다. 진리는 얻었지만 그것을 전하거나 영광을 누릴 시간과 체력이 모두 소진되었다. 현자는 밀려오는 고독감과 한참을 싸웠다. 현자는 결국 자신에게 남은 시간 동안 자신이 밝힌 진리를 누군가에게 알려야겠다고 생각했다. 초라한 몸뚱이를 이끌고 사람들이 있는 곳으로 향했다. 얼마 남지 않은 시간 동안 많은 사람들에게 알리려고 노력했지만, 실상 사람과 대화하는 방법은 어린아이 수준에 불과했다. 현자는 길게 탄식했다. 자신이 찾고자 한 걸 얻었지만, 결국 잃지 말아야 할 것을 잃어버리고 말았던 것이다.

9_은둔자(The Hermit)의 #해시태그

#I #요드 #처녀자리 #손 #창조 #데메테르의_딸 #페르세포네 #저승의_신_하데스의_납치 #대지의_풍요에_변화 #생산성 #창조성 #손의_중요성_망각 #곡물의_발아 #계절의_변화 #노동과_고통 #얻는_것과_잃는_것 #학식과_깨달음 #관찰과_탐구_추론으로만_해답을_찾아낸_학자 #오로지_자신만의_노력으로_이룬_성과 #세상을_바꿀만한_업적 #현자로_불림 #시간낭비 #체력소모 #고독감 #얼마_남지_않은_생명을_바침 #어린아이_수준의_대화 #정작_필요한_걸_놓침

10_운명의 수레바퀴

메이저 아르카나 10번인 '운명의 수레바퀴(Wheel of Fortune)'는 '목성(Jupiter)'에 속하며, 히브리어로 '카프(Kaph)'이며 로마자 알파벳으론 'K'이다.

목성은 신들의 통치자인 '유피테르(주피터)' 또는 제우스로 대표되는 행성이다. 이처럼 목성은 모든 행성과 황도의 왕이고 태양계의 질서를 조율하는 행성이다. 점성학적으로 지혜, 정의, 확장, 가능성, 행운을 의미한다.

카프는 '손바닥'을 상징한다. 손은 도구의 사용 즉, 창조와 생산에 사용되는 신체다. 손의 연장선으로 손바닥은 '나'와 '나 이외의 것'을 '연결'하는 구심점이 된다. 그래서 '묶이다', '잡다'라는 의미로 파생되고 자연을 이용하는 것에 대한 '책임'으로 이해할 수 있다. 궁극적으론 이 책임을 넘어서 '굴레', '섭리'의 의미로 종결된다.

목성과 카프로 만들어진 '수레바퀴 카드'는 목성의 지배력과 보호자 성격을 가지며 책임을 주고 굴레를 유도하는 '자연'을 의미한다. 여기서 자연이란 일반적으로 말하는 자연을 의미하기도 하지만, 더 나아가 우리가 살고 있는 공간과 시간 자체를 포괄하기도 한다. 즉, 인간이 인지할 수 있는 그 모든 것이 자연이다. 수레바퀴 카드는 이 자연이 만들어진 원리와 구성을 인간이 이해할 수준에서 단순하게 보여주고 있다.

수레바퀴 카드의 의미를 '행운'으로 알고 좋은 의미로 해석하는 경우가 많다. 우리가 일반적으로 쓰는 '행운'은 본인이 좋고 행복한 일을 만들게 되는 운명적인 에너지를 의미한다. 그런데 수레바퀴의 행운은 주체가 본인(내담자)이 아니라 '자연'이다. 섭리상 자연의 행운은 결국 내담자에게 좋은 영향을 미치지만 인간은 개개인의 가치관이 뚜렷하고 고집이 있어서 자연이 주는 행운을 거부하거나 도리어 불행으로 여기는 경우가 있기에 이 카드를 해석함에 주의해야 한다.

예를 들면, 일자리를 찾는 내담자가 취직을 할 수 있는지 물었는데, 수레바퀴 카드가 나왔다고 하자. 일반적인 키워드로 해석하면 '취직할 수 있을 것'으로 해석할 수 있다. 이건 내담자가 원하는 행복함이기 때문에 올바른 해석일 확률은 절반도 되지 않는다. 애초에 취직을 할 수 있을 것을 암시하려면 '은둔자' 또는 '죽음'이 나오는 것이 합리적이다. 따라서 이 카드는 이 사람이 일을 하기 위해서는 그에 따르는 적합한 고통스러운 사건이나 노력해야만 해결할 수 있는 문제가 다가올 거라는 사실을 암시한다. 즉, 취직하기까지 감내해야 하는 고통과 깨달음을 단시간에 준다는 얘기로 해석할 수 있고 내담자가 편하게 취직하려고 했다면 이 카드는 행운이 아니라 불행이 될 수도 있다.

> "대우주와 소우주의 원리를 깨닫고,
> 자연의 섭리 안에서 자주권을 갖는다."

인간이 이성을 갖게 되자 자연과 세상을 관찰하고 분석하며 고찰하기 시작했다. 오랜 시간이 지나 수많은 인간이 관찰한 것이 후대에 선날되어 데이터가 축적되자 이 세계가 4개의 무엇인가로 이루어졌음을 깨달았다. 그 4개는 각각 '인간(공기)', '독수리(물)', '황소(땅)', '사자(불)'의 모습으로 느껴졌다. 그리고 그 4가지의 성질을 배우고 습득할 수 있다고 생각했다.

또 인간은 2개의 서로 다른 힘은 충돌하거나 균형을 맞추고 있다고 생각했다. 우울하고 부정적이며 파괴적이고 공포스러운 거대한 뱀의 형상을 가진 '티폰(Typhon)'이라는 괴물이, 긍정적이고 성실하며 건실한 개의 형상을 가진 '아누비스(Anubis)'라는 신이 서로 쫓고 쫓기며 세상의 균형을 맞추고 있다고 느꼈다. 이것은 '나'를 중심으로 이루어진 자연의 규칙임을 깨닫는다. 세상을 보호하는 스핑크스에 의해 자연 속 각 개체들은 자주권을 가지고, 대우주(외면)와 소우주(내면)의 세상을 가짐을 깨닫는다. 인간들도 세상의 굴레에서 벗어나지 못하고 2개의 외부에너지와 4개의 내부에너지를 조절하며 숨 쉬고 살아감을 깨닫고, 이러한 자연의 섭리이자 선조의 가르침을 10번째 타로카드에 그려 후손에게 물려줬다.

10_운명의 수레바퀴(Wheel of Fortune)의 #해시태그
#K #카프 #목성 #유피테르 #제우스 #지혜 #정의 #가능성 #행운 #손바닥 #질서 #연결 #조율 #잡다 #책임 #굴레 #섭리 #자연 #보호자 #지식의_축적 #4원소 #인간=공기 #독수리=물 #황소 =땅 #사자=불 #이원론 #티폰과 아누비스 #자연의_규칙 #대우주=외면 #소우주=내면 #외부에너 지_2개 #내부에너지_4개 #자연의_섭리

"모든 결정에는
잣대에 의존한
옳고 그름이 있다.
그 잣대는 바로 나다"

11_정의

메이저 아르카나 11번인 '정의(Justice)'는 '천칭자리(Libra)'에 속하며, 히브리어로 '라메드(Lamed)'이고 로마자 알파벳으론 'L'이다.

천칭자리는 정의의 여신 '아스트라이아의 저울'로 알려져 있다. 신들이 지배하던 황금시대부터, 은의 시대, 청동시대, 영웅시대를 지나는 동안 인간에게 질려버린 신들이 천상계로 떠나는 마지막 철의 시대까지 아스트라이아는 지상에 남아 인간에게 삶의 교훈을 주려고 했다. 천칭자리의 속성인 '공기'는 '정의'에서 '강력한 이성'을 의미하고, '공기'는 선택의 갈림길에서 올바른 결정을 하는데 필요한 중요한 요소로 작동한다.

라메드는 '지팡이' 또는 '칼'을 의미하며 '지휘', '인도'를 상징한다.

천칭자리와 라메드로 만들어진 '정의 카드'는 천칭자리의 '저울'과 라메드의 '칼'로 옳고 그름을 결정하고 옳은 방향으로 사람들을 인도할 수 있도록 규율을 만들고 방향을 잡아주는 카드이다.

규율과 규칙이 없던 시절. 신의 이름을 악용해 도둑질, 사기, 살인 등 악행이 묵인되는 상황에서 정의를 외치는 한 사람이 있었다. 그는 피해자들의 고통에 귀 기울이고 가해자에게 분노했다. 어느 날 자신의 가족이 억울한 피해를 당했다. 이 사람은 항의했지만, 말도 안 되는 이유로 항변이 묵살되었다. 인간 세계에서는 누군가 억울함에 처했을 때 개인도, 집단도 그 누구도 구제해줄 수 없다는 사실을 깨닫고 세상에 회의를 느꼈다. 그는 더는 다른 것에 의존하지 말고 자신이 직접 세상을 공정하게 만들 힘을 길러야겠다고 결심했다. 그는 정의의 여신 아스트라이아에게 간절히 기도했고, 그는 결국 정의의 저울을 받았다. 그때부터 그는 저울을 잣대로 모든 불공평한 상황을 처단할 수 있었다.

> "내 저울을
> 믿어도 되는 걸까?"

역방향 이야기

정의의 저울을 가지게 된 그는 수많은 피해자를 구제했고 수많은 가해자를 처단했다. 그 과정에서 많은 규율과 규칙을 만들어 냈고 많은 사람이 그 규칙을 따랐다. 사람들은 점차 인간으로서의 윤리를 깨닫게 되었다. 어느 날 그는 길을 지나가다가 한 거지 소녀가 빵을 훔쳐 달아나는 것을 본다. 빵집 주인은 크게 분노했고 그를 보자 심판을 내려달라 요청했다. 소녀는 무척 배가 고팠고, 사흘 동안 굶은 동생들 생각이 간절했기에 도둑질을 한 것이었다. 정의의 저울은 소녀의 잘못으로 판정하였고, 그는 소녀의 목에 칼을 내리쳤다. 그날 밤 그는 침실에서 굉장히 가슴이 아픔을 느꼈고 아스트라이아에 다시 기도를 올려 상황을 말했다. 아스트라이아는 만들어진 규범을 지키지 않는다면 그것은 정의가 아니라고 답했다. 그는 과연 무엇이 정의인지 아리송해지기 시작한다. 정의는 규칙을 지키기 위해 있는 것일까? 규칙이 정의를 위해 있는 것일까? 그 규칙은 정말 정의를 판단할 올바른 잣대인 것일까? 정의를 빌미로 내가 원하는 규칙을 만든 것은 아닐까? 아스트라이아는 정말 인간을 사랑하는가? 나의 정의가 과연 올바른 잣대일까?

11_정의(Justice)의 #해시태그

#L #라메드 #천칭자리 #정의의_여신 #아스트라이아의_저울 #공기 #강력한_이성 #지팡이 #지휘 #인도 #이성 #선택 #판단 #정의를_외치는_자 #억울함 #인간세계에_실망 #직접_정의구현_의지 #아스트라이아에게_기도 #신으로부터_정의의_저울을_받음 #정의구현_집행 #규칙을_만듦 #인간의_윤리 #빵을_훔친_거지소녀 #불쌍한_소녀의_사정 #빵집주인의_항변 #저울의_판단 #소녀에게_집행 #판단에_대한_괴로움

"나를 희생해서
인간들을
구해야겠어."

12_매달린 남자

메이저 아르카나 12번인 '매달린 남자(The Hanged Man)'는 '물'의 근원이며, 히브리어로 '멤(Mem)'이고 로마자 알파벳으론 'M'이다.

물은 '감정'을 상징한다. 따라서 물의 근원은 감정이 발생하게 되는 깊은 기저에 있는 시스템이다. 예를 들어 우리 몸 안에 있는 피를 물이라고 할 때, 이 피를 만들기 위해 수분 섭취가 필요할 것이다. 여기서 수분 섭취가 물의 근원이다. 우리가 누군가를 위로하거나 도움을 주고 싶은 마음은 어디에서 오는 것일까? 이를 당연하게 여기는 사람도 있겠지만, 이 감정을 의식해야만 가능한 사람도 있다. 이 감정은 무의식 중에 나오기 때문에 설명하기 어렵지만, 이 감정을 의식하게끔 만드는 절차나 시스템은 가능하다. 이것이 바로 물의 근원으로 '교육', '경험', '공감' 등이 그 예이다.

'멤' 또한 '물'을 의미한다. 구체적으로 설명하자면 '바다' 또는 '피'를 상징한다. 여기서 물의 의미는 물의 근원 설명과 일치한다. 히브리어 알파벳으로 단어를 만들 때, 멤은 '수용하다', '보호하다' 등의 의미로 사용된다. 즉, 물이 가지는 기본적인 상징의 의미로써 사용되기보다 그 상징적 의미가 만들어지는 기저에 있는 '그것'으로 작동한다.

물의 근원과 멤으로 이루어진 '매달린 남자 카드'는 '희생'이라는 행위로 물의 근원을 보여주려는 카드이다. 자신의 신념(계시)을 상징하는 T자형 나무에 자신의 육신(하체)을 매달아 무지한 자에게는 죽은 것으로 보이게 하지만 실제로 자신의 영혼(상체)은 살아서 빛나고 있음을 보여준다.

이 카드가 정방향일 때는 이 남자의 아름답고 인간미 있는 '희생'을 의미하지만 역방향일 때는 '무모한 희생'이고 '타인의 관심에 목매는 자'이며 남을 기만하는 행위로 보일 수 있다.

정방향 이야기

신에게 선택(계시)받아 태어난 남자가 있었는데, 어린 시절의 그는 자신이 선택받았다는 것을 깨닫지 못했으나 아이 때부터 세상이나 타인을 보는 방식이 남달랐다. '사람들은 왜 싸울까?', '사람들은 왜 행복하지 않을까?', '왜 서로에게 거짓말할까?'라고 생각하며 사람들을 불쌍하게 여기고 안타까워했다.

성인이 되어 자신이 선택받았다는 것을 깨달았을 때, 그는 사람들을 위해 자신이 받은 계시를 실행해야겠다고 생각했다. 그는 사람들이 가진 악의와 불행들을 감싸 안아주고 위로해주고 다녔고 사람들은 감화되어 그를 따랐다. 남자는 어느 날 자신을 따르는 사람들에게 '인간이 가진 불행을 모두 자신이 떠안고 매달려 죽음으로써 인간을 구할 것이다.'라고 이야기했다.

"저 남자가 거꾸로 매달려서
인간을 구하겠다는 미친놈이지."

역방향
이야기

그가 매달리는 날 그를 따르는 사람들
은 눈물을 흘리고 남자의 죽음에 비통
해했다. 그러나 모든 사람이 이 남자를
따랐던 것은 아니었다. "이 남자의 말은 모두 거짓말이고 위선이며 자신을 따
르는 사람들을 속이고 있다. 단지 자신을 높이고자 하는 것이며 관심을 받는
것을 좋아하는 사람이다"라며 깎아내렸다. 눈물을 흘리고 슬퍼하는 사람도 있었지만 나머지 사람들
은 돌을 던지고 욕을 했다. 신에게 선택받은 이 남자의 희생은 자신과 남자를 따르는 자에겐 큰 의미
를 던지는 고결한 행위였을지 모른다. 그렇지만 제3자에겐 이 남자가 신에게 선택을 받았든 아니든
전혀 상관이 없었고, 단지 남자의 선택이 옳은가 그른가를 판단할 뿐이었다. 그렇다면 남자의 희생은
과연 그가 바라던 결과를 가져온 것일까?

12_매달린 남자(The Hanged Man)의 #해시태그

#M #멤 #물 #감정의_기저 #Ⅲ #수분_섭취 #교육 #경험 #공감 #바나 #Ⅲ #수용하다 #보호히다
#희생 #T자형_나무 #하체=육신=죽음 #상체=영혼=생명 #인간미 #희생 #신탁의_소년 #측은지심
#계시의_실행 #매달려_죽음 #희생 #구원 #무모함 #관종 #기만 #희생의_날 #위선자라_욕하는_
무리들 #추종자들에겐_고귀한_행위 #상관없는_사람들에겐_어떤_의미가? #그의_희생의_결과는_
그가_원하는_것인가?

"다음 세대 인간들은
죄를
반성하고 살길."

13_죽음

메이저 아르카나 13번인 '죽음(Death)'은 '전갈자리(Scorpius)'에 속하며, 히브리어로 '눈 (Nun)'이며 로마자 알파벳으론 'N'이다.

전갈자리의 대표적인 신화는 오리온이다. 오리온의 연인 아르테미스가 실수로 그를 죽인다는 내용이다. 오리온은 힘도 세고 덩치도 좋아서 모든 싸움에서 이길 수 있다 고 자만했다. 이를 시기한 헤라가 전갈을 보내 오리온을 죽이려 했지만 그보다 먼저 연인이었던 아르테미스의 실수 때문에 죽게 된다. 전갈은 이를 모르고 계속해서 오 리온을 죽이고자 별자리가 되어서도 그를 쫓는다.

눈은 '씨앗', '정액'을 의미한다. 아버지로부터 나온 유전자를 다음 세대로 전승하는 의미를 가진다. '지속하다', '영속하다'의 의미를 가진다.

전갈자리와 눈으로 만들어지는 '죽음 카드'는 전갈자리에서 보여준 시기와 질투에

의한 의도적인 죽음과 실수에 의한 비의도적인 죽음을 동시에 보여준다. 그리고 그 죽음의 의미를 어떤 방향으로 고찰하든 다음 세대에서 대항할 수 있길 바라는 마음을 가지고 '교육'의 형태로 넘겨주려고 한다. 타로카드에서 '죽음'은 우리가 알고 있는 죽음에 대한 정보를 다양한 방향에서 제시한다. 죽음에 대처하는 나약한 마음은 '구걸'로 이어짐을, 또한 죽음에 대처하는 강인한 마음은 다음 세대로의 '전승'으로 대처함을 보여준다. 이런 인간의 방식을 '죽음'은 전혀 신경 쓰지 않고 다가온다. 이런 자연현상을 인간은 두려움 때문에 나쁘다는 인식으로 받아들이곤 한다. 그러나 어쩌면 죽음의 고통과 두려움은 개인이나 집단, 사회의 발전으로 이어질 수도 있다. 죽음을 두려움으로 받아들이면 '사망'이고, 죽음을 숭고하게 받아들이면 '희생'이 될 수도 있다. 죽음은 전혀 변하지 않는다. 그것을 어떻게 받아들이느냐는 인간이 결정하는 것이다.

인간의 선조는 선악과를 먹으면 자신의 죄를 깨달을 수 있으며, 동시에 생명나무 열매를 먹게 되면 불사의 존재가 된다는 사실을 알고 있었다. 이들 중 반은 선악과를 통해 죄를 깨달아도 생명나무 열매를 먹게 되면 죽지 않고 영생을 얻기에 죄를 짓고 벌을 받아도 상관없다고 여기며 점점 오만해져 갔다. 나머지 반은 생명나무 열매를 먹어 영생을 얻었어도 죄를 짓게 되면 죽을 수도 있다고 믿었다. 어느 날 이들에게 죽음의 사신이 찾아왔고 아무 말 없이 사람들을 죽이기 시작했다. 죄를 지어도 된다던 오만한 사람들도 죽었고 죄를 짓지 않도록 노력했던 사람들도 죽었다. 결과적으로 생명나무 열매의 영생은 죽음의 사신 앞에선 소용없었다. 선조들은 후대에게 죄를 짓게 되면 생명나무 열매를 먹더라도 죽는다는 것을 알리기 위해 교육을 시작했다. 선조들은 다음 세대 사람들이 교육을 통해 깨달음을 얻고 죄를 짓지 않고 살기를 기원했다.

"죄를 반성하는데도
왜 우리를 매몰차게 죽이십니까?"

**역방향
이야기**

선조 때부터 내려오는 영생과 죄에 대한 교육은 세대를 거쳐 계속되었다. 그러나 교리에 나오는 죄목을 조금 어겨도 죽음에 이르는 벌이 내려오지 않았고, 세대가 지날수록 퇴색되어 갔다. 그러나 이 이야기를 가슴 깊게 품고 있던 종교지도자가 있었다. 그 또한 교리에 나오는 죄에 대한 경각심이 세대를 지나며 퇴색되었음을 알고 있었고, 교리마저 사람에게 유리한 쪽으로 바뀌고 있음도 알고 있었다. 그러나 그는 언젠가는 죽음의 사신이 올 것이고 사람들에게 자신이 지은 죄를 반성하여 용서를 구하자고 주장했다. 이를 겸허하게 받아들이고 반성하는 사람도 있었고 이를 반대하는 사람도 있었다. 이런 주장을 듣지 못한 어린아이도 있었고 죽음의 사신 존재를 부정하는 사람도 있었다. 물론 죽음의 사신이 자신을 죽이지 못할 거라고 떠드는 오만한 인간도 있었다. 어느 날 죽음의 사신이 찾아왔고 아무 말 없이 닥치는 대로 사람을 죽이기 시작했다. 종교지도자는 두려움에 떨며 계속 기도했고 반성했다. 그의 눈앞까지 온 죽음의 사신은 그를 물끄러미 보다 돌아서서 다른 사람을 죽였다. 종교지도자는 문득 이상한 사실을 깨달았다. 아무것도 모르는 어린아이, 죄를 반성하고 속죄하며 살았던 교인, 오만했던 인간들, 반성하는 것을 거부하는 인간들을 가릴 것 없이 죽였으며, 반대로 가릴 것 없이 살려주고 있었다. 그는 의아함과 분노가 치밀었고 죽음의 사신에게 큰소리로 따졌다.

"왜 아무것도 모르는 아이가 죽어야 하며, 죄를 반성하는 사람까지 죽어야 합니까! 그리고 왜 반성하지 않은 인간들도 살아있는 겁니까?"

죽음의 사신은 발걸음을 멈추고 입을 열었다.

"너희는 그저 병에 걸린 것이다. 생명나무 열매는 육체의 영생이 아니라 정신의 영생을 가져다주는 과일이다. 그리고 죽음이 죄의 벌이라는 것은 어디에서 비롯한 상식이냐?"

감정이 없는 담담한 말을 전한 죽음의 사신은 다시 돌아볼 생각 없다는 듯 몸을 돌려 사람들을 죽이고 죽였다. 그것을 지켜보는 그는 큰 충격에 빠졌고, 수천 년간 이어져 온 교리가 오해라는 사실에 망연자실했다. 그리고 죽음은 살기 위해 있는 것이고 산다는 건 죽음을 기다리는 것이라는 당연한 이치를 깨달았다.

13_죽음(Death)의 #해시태그

#N #눈 #전갈자리 #오리온 #아르테미스 #헤라 #전갈 #씨앗 #정액 #지속 #영속 #시기 #질투=의도적인_죽음 #실수=비의도적인_죽음 #반성 #죽음의_신 #교육 #죽음을_어떤_의미로_받아들이느냐 #선악과 #생명나무 #죽음을_피한다며_오만해진_사람 #죽음의_사신 #죄_여부와_무관한_죽음의_운명 #죄와_벌에_대한_교육 #교리 #퇴색하는_교육 #반성을_요구하는_종교지도자 #죽음의_사신_등장 #무차별_살육 #이유_없는_생멸 #따져묻는_종교지도자 #죄와_무관한_죽음의_보편성

"사람마다
다 달라.
그래서
공감이 중요해."

14_절제

메이저 아르카나 14번 '절제(Temperance)'는 '사수자리(Sagittarius)'에 속하며, 히브리어로 '사메크(Samech)'이며, 로마자 알파벳으론 'X'이다.

사수자리의 대표적인 신화는 반인반수인 켄타우로스 중 수많은 영웅을 교육해 배출한 현자 케이론의 일화를 기반으로 한다. 켄타우로스는 구름의 요정 네펠레와 테살리아의 왕 익시온의 자식들이었고 굉장히 난폭하며 술주정이 매우 심했다. 반면 같은 켄타우로스 종족이었던 케이론은 크로노스와 필리라 사이에서 태어나 태생이 달랐다. 그 때문에 케이론은 다른 켄타우로스와 다르게 온화하고 박학다식하였다. 케이론은 제자인 헤라클레스가 실수로 쏜 독화살에 맞아서 죽음을 맞았고 제우스가 그의 업적을 기려 별자리로 만들었다.

사메크는 '가시'를 의미한다. 사메크를 이해하려면 장미를 떠올리면 수월하다. 장미에 돋친 가시는 일반적으로 고통을 줄 수 있는 위험한 물체라고 여긴다. 그러나 장미는 그 가시를 이용해 자신을 보호한다.

사수자리와 사메크로 만들어진 '절제 카드'는 흉포한 켄타우로스 종족이면서도 현자로 불린 케이론의 중용의 자세와 환경이 다르면 다른 생각을 가질 수 있음을 기꺼이 인정한다는 내용을 담고 있다. 태생이 다르다고는 하나 반인반수로 태어난 케이론 역시 켄타우로스의 흉포함을 내재하고 있었을 것이다. 짐승으로서의 본능과 인간으로서의 이성을 한쪽에 휩쓸리지 않도록 억제하며 조율했기 때문에 깨달음을 얻었다. 인간과 짐승은 서로 틀린 게 아니라 다르다는 것을 케이론은 아주 깊게 이해하고 있었다. 장미는 예쁘지만 가시 때문에 가까이할 수 없지만, 예쁘고 향기로운 운명으로 많은 시련을 겪는 장미가 자신을 보호하기 위해 가시를 만들었다고 받아들이면 자칫 표독스러워 보일 수 있는 장미가 애처롭고 가련한 꽃으로 보일 수 있다.

절제는 이처럼 인식의 차이에서 오는 다양한 사실을 편견 없이 받아들이고 이성적으로 구분해야 함을 이야기한다.

 인간은 주변 환경에 적응해 살아왔다. 뼛속 깊이 환경에 적응한 인간은 다른 환경에서 살아온 타인과 오해가 발생했다. 이 때문에 수많은 피를 흘리며 다퉜다. 이를 보다 못한 신들은 대천사 중 한 명에게 인간들에게 서로 다른 것이 틀린 것이 아님을 알려주라고 명했다. 천사는 인간이 다른 환경에 민감하게 반응하는 것을 줄이기 위해 공감할 수 있는 교집합을 조금씩 만들어 주었다. 서로 다른 것임을 받아들이고 그것이 틀린 것이 아님을 알게 되면서 인간들은 다툼 대신 교류를 시작했다.

"저쪽 지역은 숨기만 하고 음흉해.
우리처럼 당당해야 할 텐데."

역방향 이야기

대천사가 조율하고 있다고 해도 인간은 감정과 개성을 가진 존재였다. 신들은 인간을 완전히 조종한다고 여겼지만 실상은 달랐다. 개인과 집단, 지역에 따라 생기는 문화 차이가 틀린 것이 아니라 다른 것임을 인지하였으나, 그것을 완전히 공감하는 건 다른 문제였었다. 그래서 오해는 사라졌지만, 갈등이 사라진 건 아니었다. 감당할 수 있는 것과 감당할 수 없는 것이 구분되었고, 더 가깝게 교류하거나 반대로 더 극명하게 거리를 두는 계기가 되기도 했다.

14_절제(Temperance))의 #해시태그

#X #사메크 #사수자리 #켄타우로스 #케이론 #술주정 #장미 #가시 #중용 #차이에_대한_인정 #짐승의_본능과_인간의_이성_사이의_중용 #표독하게_보이지만_애처로운_장미 #편견_배제 #환경_적응 #환경_차이 #오해 #공감의_교집합 #틀림과_다름 #교류 #개성 #문화의_차이 #차이의_인정 #공감의_한계 #오해_대신_갈등 #감당_여부

"인간들을
가지고 노는 게
가장
재미있지."

THE DEVIL .

15_악마

메이저 아르카나 15번인 '악마(The Devil)'는 '염소자리(Capricornus)'에 속하며, 히브리어로 '아인(Ayin)'이고 로마자 알파벳으론 'O'이다.

염소자리는 목축의 신 판의 이야기를 신화로 가지고 있다. 판은 헤르메스와 인간 사이에서 태어난 아이로 짐승과 인간의 형상을 반씩 가졌다. 인간인 어머니는 태어나자마자 아이를 버렸고 헤르메스가 데려와 키운다. 판은 악의적인 장난을 많이 쳤으며, 심각할 정도로 애정을 표현하는 것으로 유명하다. 그의 장난은 '질투'와 '시기'에서 비롯되었고, 그의 짓궂은 애정 표현은 이기심과 애정 결핍에서 비롯한 그릇된 성격에 의한 것으로 보인다.

아인은 '눈(Eye)'을 의미하며 말 그대로 눈을 통해 보이는 것을 말한다. 눈은 빛이 반사되어 맺히는 형상을 뇌에 전달한다. 그러나 신비주의적 관점에서 보면 허구를 마치 사실인 것처럼 보여주는 악마의 장기로 이해 할 수 있다.

아름다운 이성을 보았을 때, 우리는 사랑에 빠진다. 그런데 아름다운 외모와 성격이 비례하진 않는다. 눈을 통해 알게 된 진실은 진실이 아닐 수도 있다. 우리는 어쩔 수 없이 진실이라고 미리 단정 짓는다. 바로 판의 장난이다.

염소자리와 아인을 통해 만들어진 '악마 카드'는 인간의 욕심과 욕망, 더불어 질투와 시기를 의미한다. 이런 쾌락과 불신적인 의미를 가지더라도 인간의 기본적인 존엄성 때문에 이 카드는 반대로 쾌락에 대한 저항의식을 나타내기도 한다.

하나의 몸에서 태어난 인간들은 순수하기 그지없었다. 인간들은 너무 순수했던 탓에 태어난 뒤 무엇을 해야 할지 아무것도 몰랐다. 신이 주신 영광을 담고 있는 인형이나 다름없었다. 장난꾸러기 판에게는 가지고 놀기 쉬운 장난감에 불과했다. 인간의 몸과 짐승의 몸을 절반씩 가지고 있는 판은 신과 인간 사이에서 태어난 개체로 장난이 매우 심했고 욕망이 매우 강했다. 판은 순수한 인간에게 욕망을 사용하고 빠져드는 방법을 알려주었다. 판은 목축의 신으로 동물 다루는 방법을 매우 잘 알고 있었다. 중독될 수밖에 없는 욕망이라는 채찍과 그것을 해소할 수 있는 방법이라는 당근으로 조련했다. 그래서 자칫 신계로 올라갈 수 있었던 인간을 물질계의 쾌락이라는 방법으로 족쇄를 채워놓고 자신의 뜻대로 조종했다.

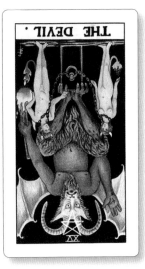

"쾌락에서 벗어날 수 없다면
최대한 인간의 존엄성을 지키자."

신은 인간을 일정한 길로만 가게끔 만들어 놓았다. 인간의 기저에는 인간으로서 살 수 있는 최소한의 장치가 이미 내재하여 있었다. 그 이름은 '윤리' 또는 '도덕'이라고 불린다. 인간은 신인 판의 말과 지시를 무시하기 어려웠지만 저항하는 방법을 기어이 터득했다. 쾌락을 벗어날 수 없다면 그 쾌락을 올바르고 정확하게 사용하는 방법과 시기를 깨달으면 되었던 것이다. 선조들은 그 방법을 '교육'이라는 이름으로 후세에 남겼다. 비록 신계에 도달하지 못하고 물질계에 묶여 있을 수밖에 없지만 언젠가는 이 족쇄를 풀어내거나 꼭 풀지 않아도 인간으로서 존엄성을 지키며 살아가려고 노력하였다. 그래서 악마의 뿔과 비도덕적인 심리를 나타내는 꼬리를 가졌지만 인간의 형상을 유지할 수 있었다.

15_악마(The Devil)의 #해시태그

#0 #아인 #염소자리 #목축의_신 #판 #헤르메스 #애정표현 #질투 #시기 #이기심 #애정결핍 #눈 #진실과_거짓 #욕망 #쾌락 #쾌락에_대한_저항의식 #한몸 #순수한_인간 #인형 #판의_장난감 #욕망 #해소 #쾌락의_족쇄 #조종 #인간의_길 #인간의_기저에_내재된_마음 #양심 #윤리 #저항 #교육 #인간의_존엄성 #인간의_형상

"우리가
인간의 신이다."

16_탑

메이저 아르카나 16번인 '타워(The Tower)'는 '화성(Mars)'에 속하며, 히브리어로 '페(Pe)'이며 로마자 알파벳으론 'P'이다.

화성은 로마의 전쟁과 유혈의 신 마르스 또는 그리스의 전쟁의 신 아레스(Ares)로 대표된다. 점성학적으로 '자신감'과 '자기주장', '성생활', '힘' 등 매우 '공격적'인 성격을 지닌다. 화성이 가지고 있는 '야만적'인 성격은 다른 행성, 황도와의 위상에 따라 '야심'차고 '진취적'인 성격의 긍정적인 패턴으로 변화한다.

페는 '입'을 상징한다. 입은 타인과 소통하거나 숨을 쉬거나, 음식을 섭취하는 신체다. 신비주의적 시점에서 입은 감춰야 할 '비밀'이 새어 나오는 지점이며 빠른 '전달력'을 갖춘 위치이기에 매우 위험하며, 인간의 생명을 갉아먹는 공간을 상징한다.

화성과 페로 만들어진 '탑 카드'는 화성의 야심과 야만적인 행동, 지나친 자기 주도적인 행동과 폐가 상징하는 입으로써 그 행동을 성낭화하고 불온힌 헹동을 자챙하는 것을 상징한다.

카드 그림에서는 신이 되고자 하는 황제 부부의 야심은 인간이 가진 본능적인 진취적 행동이었기에 그것이 불온하다고 여기기는 어렵다. 자신이 신이 되려고 노력하는 것과 자신을 신으로 착각하는 것은 매우 큰 차이가 있고, 이 차이에 대해 무지하거나 무시해서 발생하는 오만함과 그릇된 행위가 결국 자신에게 온전히 돌아오게 됨을 암시한다.

정방향 이야기

광장히 오만하고 방약무인한 황제와 황후가 있었다. 부부는 처음부터 그런 건 아니었다. 작은 영토를 다스리던 그들은 운이 좋아 제국으로 발전할 수 있었고 계속되는 운으로 세계의 권력자로 불릴 정도의 힘을 가지게 되었다. 이들은 항상 신에게 기도했고 그 기도로 자신들이 이 자리에 오게 된 거라 믿었다. 황제는 문득 '이런 힘은 기도로 가질 수 있는 게 아닐 거'라는 의문을 품었고 혹시 '기도가 아닌 자신의 그릇이 큰 것이 아닐까'라는 환상에 빠지게 되었다. 그러다가 '신보다 자신이 더 대단한 것은 아닐까?'라는 생각에까지 도달하게 되었다. 부부는 자신들을 신이라 자칭하며 신으로 우러러볼 수 있을 만큼 높은 탑을 세우기 시작했다. 이미 자신이 신이 되었다고 믿는 황제 부부는 많은 국민들과 노예들을 혹사해 탑을 쌓게 했고 그 탑은 하늘에 닿을 듯 끝없이 높아져 갔다. 탑이 높아질수록 노역에 지쳐 죽는 사람들이 많아졌지만 황제 부부는 그럴수록 더더욱 탑을 높게 올렸다.

"자신을 신으로 착각하는 자들에겐
매가 답이지."

역방향 이야기

자신을 신으로 자칭하는 오만함과 더
불어 국민을 혹사하고 피해를 주는 사
태까지 이르자 신은 황제 부부의 행동
을 노여워했다. 이윽고 지금까지 볼 수 없었던 거대한 번개를 내리쳐 탑을 파
괴했다. 탑의 꼭대기에서 자신들의 업적을 축하하며 즐기던 황제 부부는 까
마득히 높은 탑 꼭대기에서 지상으로 떨어졌다.

16_탑(The Tower)의 #해시태그

#P #페 #화성 #마르스 #아레스 #자신감 #자기주장 #성생활 #힘 #공격적 #야만적 #공격적 #야
심 #진취 #입 #대화 #호흡 #섭취 #비밀의_폭로 #전달력 #불온한_행동 #신이_되고자_노력 #신
으로_착각 #오만 #방약무인 #황제와_황후 #제국 #스스로_자신을_신으로_믿음 #신의_분노 #거대
한_번개 #탑의_붕괴 #황제부부의_추락

"감정은
좀 더 조심히
다뤄야 해."

17_별

메이저 아르카나 17번인 '별(The Star)'은 '물병자리'이며, 히브리어로 '차디(Tzaddi)'이고 로마자 알파벳으론 'Ts'이다.

물병자리는 독수리에게 납치당해 신들에게 술을 따르는 일을 하게 된 트로이의 왕자 가니메데를 상징하고 있다. 물병자리의 이야기는 아무 의미 없이 자신을 희생하고 있다는 사실을 깨닫고 그것을 극복하여 자신만의 비전을 가질 수 있도록 정신적 가치를 추종하고 사랑해야 한다는 의미를 품고 있다. 타인의 감정도 중요하지만 자신의 감정과 심미적 만족감을 추구하는 것이 우선되어야 함을 말하고 있다.

차디는 '낚싯바늘'을 의미하며, '욕심'이나 '책임'을 말한다. 여기서 낚싯바늘은 우리가 일상생활에서 쓰는 은어로 사람을 속여서 자신의 이익을 취한다는 단어와 의미가 상통한다. 자신의 이익을 위해 타인에게 쉽게 거짓말을 하고 그것에 대해 죄책감을 느끼지 않는 상태를 말한다.

물병자리와 차디의 의미를 포함하고 있는 '별 카드'는 자신과 타인의 감정을 다양한 방면으로 다룰 줄 알고 틀에 박혀 있지 않은 사고방식을 가지며 유연하게 사태를 해결할 능력을 의미한다. 분위기의 조정이나 파악을 잘하고 배려를 하는가 싶으면 간혹 불친절하거나 무뚝뚝한 감도 있다. 마치 고양이를 보는 것과 같다. 자신이 필요할 때 주인에게 애교를 부리지만 자신의 이익을 전부 챙기면 언제 애교를 부렸냐는 듯 무심해지는 것과 같다. 카드 그림에서는 따뜻한 감정과 냉정한 감정을 물병의 물로 조율하는 여신으로 표현했다.

인간의 모든 감정을 관할하는 여신이 있었다. 여신은 인간들을 행복하게 해주고 싶었다. 모든 인간에게 동일한 감정선을 주는 것은 위험하다는 것을 매우 잘 알고 있었고, 그래서 각각의 인간마다 감정을 미묘하고 섬세하게 조율했다. 어떤 자에겐 슬픔을 주고 그와 함께하는 자에겐 연민과 동정을 같이 주어 서로 위안될 수 있도록 했다. 또 어떤 자에겐 기쁨을 주고 그와 함께 하는 자에겐 질투를 주어 경쟁과 경계심을 만들기도 했다. 감정은 인간이 다루기엔 너무 강렬해서 아주 쉽게 균형이 깨지는 경우가 많았다. 여신은 언제나 완벽하게 컨트롤하고 있었지만 항상 그 결과는 아쉬웠다. 자칫 조금이라도 잘못 조절하면 인간들은 감정에 못 이겨 과격해졌고 스스로 존재를 잃어버리기까지 했다. 이는 결국 여신 자신의 잘못으로 돌아왔다. 인간에게 감정이 얼마나 중요하고 민감한 것인지 잘 알고 있었기에 여신은 감정 없이 기계적인 계산과 엄격한 규칙으로 인간의 감정을 조율했다.

> "그냥 내가 가서
> 조율하는 게 더 좋을까?"

아무리 완벽하게 조율한다고 해도 자신의 감정이 아닌 다른 존재의 감정을 하나하나 전부 알맞게 만든다는 것은 쉬운 일이 아니었다. 완벽하게 해냈지만 사소한 사건 하나로 지금까지 조율한 감정이 무너지는 것을 본 적이 한두 번이 아니었다. 여신은 하루에도 수천 번씩 자신의 가슴이 찢어지는 고통을 느꼈고, 자신의 일 처리에 대한 자괴감을 분노로 표출하였다. 여신은 포기하고 싶었다. 여신은 결국 신으로서 하면 안 되는 직접적인 간섭을 하기로 마음먹었다. 인간들 안에 있는 섬세한 물줄기를 직접 조율하면 분명 행복해질 거라 믿었다. 인간으로 변한 여신은 매우 아름다웠다. 그런 탓에 인간들은 그녀에게 매혹되었고, 그녀는 인간의 감정을 조율할 틈이 없었다. 더불어 자리를 비운 탓에 많은 인간의 감정이 조율되지 않았고, 결국 인간계는 혼란이 오고 말았다.

17_별(The Star)의 #해시태그

#Ts #차디 #물병자리(Aquarius) #가니메데 #의미없는_희생 #비전 #정신적_가치 #나의_감정 #심미적_만족감 #낚싯바늘 #욕심 #책임 #사기꾼 #자유로운_사고방식 #고양이 #따뜻함과_차가움을_물병으로_조절 #감정의_여신 #개성의_감정선 #미묘하고_섬세함 #슬픔_연민_동정 #기쁨_질투_경계심 #균형의_어긋남 #기계적_계산과_엄격한_규칙 #타인의_감정 #찢어지는_고통 #직접_간섭하기로 #아름다운_여인 #감정의_굴레에_빠짐

"달은
숨어 있는
냉소와 비판의 본능을
잘 이끌어 줘."

18_달

메이저 아르카나 18번인 '달(The Moon)'은 '물고기자리(Pisces)'에 속하며, 히브리어로 '코프(Qof)'이고 로마자 알파벳으론 'Q'이다.

물고기자리는 미와 사랑의 여신 아프로디테와 성욕과 사랑의 신인 에로스 신화로 이해하는 것이 좋다. 아프로디테와 그의 아들인 에로스는 유프라테스강에서 산책을 하는 도중 가이아의 아들이며 최악의 괴물인 티폰을 마주쳐 급하게 물고기로 변하여 강으로 도망친다. 이때 아프로디테는 에로스를 잃지 않기 위해 자신과 끈으로 묶었다. 물고기자리의 기원이다.

물고기는 흐르는 물속에서 유연한 동작으로 헤엄치고 위험을 피하기에 부드러움과 유연함을 상징한다. 물고기자리는 관계에서 진심으로 사랑을 많이 준다. 또한 그만큼 받기를 원한다. 그래서 관계에서 사랑을 주고받는 감정 이외에는 크게 공감하지 않는다.

그리스 신화에서 아프로디테와 에로스는 이런 물고기자리가 갖는 가장 중요한 가치관을 말한다. 아름다움, 사랑, 성적욕구, 관계에서의 우위 등등 미적기준을 가장 높게 평가하는 경향을 말한다. 티폰은 이런 미적 기준의 반대되는 현실적인 환경이 주는 압박감을 상징하는데 이에 맞서 싸우는 것이 아니라 물고기로 변해서 절대 찾을 수 없는 강으로 도망친 것은 '미(美)'를 위한 행위' 이외에는 절대적으로 회피하려는 물고기자리의 성질을 고스란히 보여준다.

코프는 '뒤통수', '수평선'을 의미한다. 뒤통수는 앞서 나아가는 사람의 뒷모습 또는 나아가고 있는 나의 뒷모습을 의식하는 것을 말하고, 수평선은 태양이 지는 모습 또는 태양이 뜨는 모습 즉, 일출과 일몰을 말한다. 그래서 한글로 번역하면 '나아가다', '돌아오다'로 해석할 수 있다.

물고기자리와 코프로 이루어진 '달 카드'는 물고기자리의 감정적이고 예술적인 부분과 코프의 동력이 합쳐진 형태이다. 달 카드는 비현실적인 부분을 쫓는 경향도 있지만 그 비현실적인 부분을 고수하기 위해 현실적인 부분을 냉소적으로 검토하고 비판하는 성질도 가진다. 로망을 실현하는 데 방해되는 현실적인 환경과 상황을 비판하고 더 나아가 수정하려는 공격성도 있다.

로망을 현실로 바꾸는 과정은 굉장히 고통스럽고 힘든 과정일 것이다. 따라서 달 카드는 비판적인, 냉소적인 사람이라는 뜻도 있지만 슬픔, 우울함 등의 의미도 있다.

정방향 이야기

신들은 본인들이 간섭할 수 없는 태양이 인간들에게 넘치는 에너지를 주어 긍정적인 감정을 풍부하게 불러일으키는 것을 보고 더 다양한 감정과 흥미를 주려고 태양과 반대되는 성격의 달을 만들었다. 신들이 만든 달은 인간들에게 태양의 긍정 에너지에 반대되는 비판적이고 냉정하며, 섬세하고 차가운 감정을 만들어주었다. 이런 감정을 기반으로 밝고 긍정적인 성격 때문에 방해받았던 예술적인 능력과 개성적인 감성을 배양할 수 있었다.

"달의 아름다움만 있으면 될 텐데
뜨겁기만 한 태양이 필요할까?"

역방향
이야기

태양의 긍정적인 에너지와 달의 비판적
인 에너지를 조화롭게 받아들인 인간은
자유롭고 개성적인 감정을 보여주며 다
양하게 자신을 표현하였다. 그렇지만 누구나 그런 건 아니었다. 태양을 거부
하는 인간들은 달의 에너지만 받아 냉소적이고 비판적인 성격이 극대화하였
다. 이런 현상 때문에 피해의식과 열등감이 극대화하는 경우가 발생하고 거짓된 가면과 음해라는 감
정과 행동이 생기게 됐다. 그뿐만 아니라 남성적인 에너지인 태양을 배제하다 보니 남자인데도 불
구하고 여성성이 강하게 나타나는 현상이 간혹 발생했고 우울증과 성정체성에 문제가 발생하기
시작했다.

18_달(The Moon)의 #해시태그

#Q #코프 #물고기자리 #아프로디테 #에로스 #유프라테스강 #가이아 #티폰 #물고기로_변신 #끈
으로_묶음 #유연함 #부드러움 #관계에_진심 #미 #사랑 #아름다움 #성욕 #관계성 #뒷모습 #수평
선 #나아가다 #돌아오다 #비현실_경향 #냉소적_검토 #비판 #슬픔 #우울 #예술 #문화 #개성 #태
양의_긍정성 #다양한_감성을_위해_신들이_만든_달 #비판적 #냉정 #섬세함 #차가움 #예술적_감
성 #개성 #개성의_표현 #태양을_거부하고_달만_받아들이는_극도로_예민하고_냉소적인_사람들
#피해의식 #열등감 #가면 #음해 #우울증

"불쌍한 인간들에게
따뜻한 온기를
전해줄 거야."

19_태양

메이저 아르카나 19번인 '태양(The Sun)'은 '태양(Sun)'에 속하며, 히브리어로 레시 (Resh)'이며 로마자 알파벳으론 'R'이다.

태양은 점성술에서 헬리오스 또는 아폴론으로 대표되며, '자아'와 '자존감', '자존심', '권력' 등을 의미한다. 더불어 '건강'과 '활력'도 상징한다. 태양은 12황도의 중심에 있는 항성으로 태양이 12황도를 거느린다고 여겼다. 이 태양은 사회적 위치에서 '정의'로 통용되었고 모든 행성의 중간에서 '중재'하는 역할을 맡고 있으며, '남성적'이고 '열정적'인 의미로 표현된다.

레시는 '머리'를 의미한다. 인간의 머리는 위치적으로도 가장 높은 곳에 있고, 온몸에 명령을 내릴 수 있는 '지도자' 역할을 하고 있다. 히브리어에서 레시는 '정상(Top)', '첫 번째(First)', '고위직(Chief)'의 의미를 가진다.

태양과 레시로 만들어지는 '태양 카드'는 높고 고고한 존재로서의 '영광'이나 '지휘'를 할 수 있는 역량, 위치를 암시한다. 그러나 그 높은 위치와 에너지가 본인의 것이라 면 권한이 있겠지만 자신의 것이 아닐 경우에는 그 힘에 의존하게 된다. 그 힘에 취 하면 본연의 목적이나 가치관이 잠식당해 나태해지거나 너무 긍정적으로 변한다. 남 성적 에너지를 가장 잘 표현하는 카드로서 남자의 강한 '자존심'과 더불어 의존적이 고 냉정하지 못한 남성의 유아적인 특성을 잘 보여준다.

신들은 자신들로부터 떨어져 나온 뒤 갈피를 잡지 못하는 우매한 인간들에게 활력을 주기 위해 절대적인 빛인 태양을 만들었다. 신들은 태양을 모든 인간 을 비롯한 수많은 피조물 중 유일하게 존재하는 절대적 위치에 자리 잡게 했 다. 태양은 항상 인간을 위한 것이지만 절대적 위치에서 고고하게 존재하도 록 했고, 인간에게 직접적인 간섭을 하지 못하도록 했다. 인간을 불쌍히 여긴 태양은 자신이 가진 에너지로 인간 세상을 따뜻하고 아름답게 만들었다. 태양은 이처럼 밝고 건강하 고 깨끗한 정신을 추구함으로 인간을 간접적으로 도왔다.

"우리에겐 태양이 있으니까
아무것도 안 해도 풍요로워!"

**역방향
이야기**

인간들은 처음에는 태양의 존재를 매우
존경하고 숭배했다. 시간이 지나면서
태양을 지나치게 의존하게 되었을뿐더

러, 그 은총을 점점 당연한 것으로만 여기게 되었다. 태양의 보호 아래에서라
야 웃을 수 있었음에도 마치 자신이 태양인 것처럼 행동하기 시작했다. 자신
만의 태양을 가진 자들은 긍정과 열정의 에너지에 힘입어 자신감을 가졌지만, 정도가 지나쳐 자신의
태양에 먹혀버렸다. 너무 낙천적으로 변해 버린 성격 탓에 모든 일에 나태해졌다. 자신의 업보를 냉정
하게 해결해야 함에도 불구하고 따뜻함과 나른함에 취해 모든 걸 태양에 의지했다.

19_태양(The Sun)의 #해시태그
#R #레시 #태양 #아폴론 #헬리오스 #자아 #자존감 #권력 #건강 #활력 #항성 #12황도_리드 #정
의 #중재 #남성 #열정 #머리 #정상 #지도자 #첫_번째 #고위직 #영광 #지휘 #의존 #나태 #낙천
적 #나른함 #유아적_특성 #활력 #절대적_위치 #에너지 #건강하고_따뜻함 #깨끗한_정신 #존경
과_숭배 #의존 #은혜를_당연시 #스스로_태양인양 #도를_넘는_자신감 #낙천과_나태

"우리를 빨리
천국에
보내주세요!"

20_심판

메이저 아르카나 20번인 '심판(Judgement)'은 '불'의 근원이며, 히브리어로 '쉰(Shin)'이고 로마자 알파벳으론 'Sh'이다.

불의 상징적 의미는 '열정'과 '자부심', '자존감' 등 스스로 발현하는 힘의 원천이다. 이것의 근원지는 사상에서 오는 '신념'이고 '가치관'을 관철하려는 '의지'다. 불의 근원은 다분히 공격적이다.

약한 자를 괴롭히는 강한 자를 봤을 때, 대부분은 약자의 편에 서서 강자를 악으로 여길 것이다. 이런 사고방식은 자신이 약자라고 감정이입을 하면서 약자의 고통이 무의식중에 공감되었기 때문이다. 이 무의식은 신념과 가치관에 영향을 주어 강자에 대한 반발심을 불러일으킨다. 이것이 바로 불의 근원이다. 불의 근원은 삶의 원동력이 되기도 하지만 반대로 가장 큰 잘못을 만들어내는 부싯돌이 되기도 한다. 그야말로 양날의 검이다. 불은 시간과 장소, 상황에 따라 좋게 쓰이기도 하고, 나쁘게 해를 입히기도 하기에 항상 주시하고 조심히 다뤄야 한다.

쉰은 '이빨'이라는 뜻을 가진다. 이빨은 음식을 부수는 신체다. 먹는 자는 먹히는 그 것을 이빨로 부순다. 쉰은 '압력', '뾰족함'이라는 의미를 가진다. 그뿐만 아니라 코끼리의 '상아', 염소의 '뿔'과 같이 자신을 '보호'하거나 상대를 '공격'하는 두 개로 이루어진 단단한 신체를 총칭한다. 쉰을 현대적 관점에서 해석하면 '언론'과 같다. 누군가에겐 중요하고 좋은 정보일 수 있지만 누군가에겐 다시는 세상 밖에서 살 수 없을 정도의 수치스러운 정보가 될 수도 있다. 이를 악용하고 공격적으로 사용하는 형태가 쉰이다.

불의 근원과 쉰으로 만들어진 '심판 카드'는 말 그대로 최후의 심판을 모델로 하고 있다. 그러나 실제 기독교의 종말론과는 조금 다른 의미로 받아들여야 한다. 심판 카드가 이야기하는 것은 잘못된 정보를 쉽게 받아들이고 그것에 휘둘리는 인간들을 풍자하는 것이다. 물론 정보를 빨리 받아들이는 건 중요하지만 그것을 아무런 검증 없이 받아들이는 건 마치 자신이 잘못 이해한 교리대로 행동하고 천국 갈 것이라는 오해와 같다.

이 카드는 당신의 주변에 좋은 영향을 미치는 사람들이 많을 수 있음을 의미하지만 자신의 위치를 면밀히 살피고 조심스럽게 운신해야 함을 말하고 있다.

정방향 이야기

신은 계시를 통해 인간세계에 하나의 규칙을 심어 두었다. 그것은 신이 정한 지시사항을 잘 이행했을 경우 죄를 용서받고 진정한 육신으로 부활하며, 이행하지 않을 경우 지옥에 떨어서 영원토록 고통스러운 형벌을 받는다는 규칙이었다. 심판의 때가 왔고 대천사의 나팔로 그 시작을 알렸다. 그 소리를 들은 인간들의 영혼은 물질계에서 벗어나 천상계로 향했다. 지금까지 신의 가르침을 잘 수행했다고 여기는 자들은 이 심판의 날을 기다렸고 심판을 받기 전부터 이 심판을 축제로 여겼다.

"뭐라는 거지?"

인간들은 신의 지시사항을 잘 이행했다고 착각하고 있었다. 그저 신을 위해 기도하고 제물을 바치는 행위로 자신들이 천국으로 갈 것이라 믿고 있었다. 나팔을 불고 있는 대천사는 전부 지옥으로 갈 인간들이 환호를 하고 있어 어리둥절해 했다. 신의 계시가 무엇인지 진정으로 고민하고 곱씹고 이해하며 가슴으로 행하고 몸으로 절제한 자는 몇 명 없었다. 오히려 죄를 더 짓고 그 죄를 신께 기도하며 죄를 씻었다고 생각하는 자들이 대부분이었다. 신은 용서를 모른다. 오해하든 말든 이들은 모두 지옥행이었다.

20_심판(Judgement)의 #해시태그

#Sh #쇳 #불 #열정 #자부심 #스스로_발현하는_힘의_원천 #신념 #의지 #공격적 #약자_+공감 #가치관 #강자에의_반발심 #부싯돌 #양날의_검 #이빨 #압력 #뾰족함 #상아 #뿔 #언론 #최후의_심판 #육신_부활과_지옥_형벌 #심판의_날 #나팔_소리 #천상계 #기다림 #인간들의_착각 #죄사함에_대한_오해 #모두_지옥행

21_세계

메이저 아르카나 21번인 '세계(The World)'는 '토성(Saturn)' 또는 '땅(흙)'의 근원이며, 히브
리어로 '타우(Taw)'이고 로마자 알파벳으론 'T'이다.

토성은 농경의 신 사투르누스(Saturnus) 또는 시간을 관장하는 크로노스(Kronos)로 대표
된다. 토성의 기호는 '십자가 아래 초승달'로, 상징 그대로 해석하면 '신이 준 아이'를
의미하고, 의역하면 '신의 지배에 순응하는 어린 양'으로 해석할 수 있다. 토성은 인
식조차 할 수 없는 거대한 굴레에 소속되는 것을 의미한다. 좀 더 현실적으로 이해
하면 '시간의 지배를 받는 인간의 제한된 삶'으로 해석할 수 있고, 종교적으로 이해
하면 '신에게 절대 범접할 수 없는 인간들'이라는 의미를 가진다. 토성은 차갑고 건

조하고 냉랭한 느낌을 가지지만 행성 자체의 내면적 성격은 관대하고 온화하다. 마치 무거운 분위기를 잡고 뒤에서 몰래 자식을 챙기는 아버지를 상상하면 된다.

타우는 '표식'을 의미하며, 인간이 가야 할 목적지를 '십자'로 표시하는 것을 말한다. 표식이 있다는 것은 그곳에 '무엇인가' 있다는 뜻이므로 그 자체가 존재의 의의가 된다. 그래서 '식별', '개성'이라는 의미로 파생하고, 궁극적으론 유일신의 존재를 증명하는 상징으로 결론지어진다.

토성과 타우로 만들어진 '세계 카드'는 신 자체를 상징하는 타우와 이것에 범접하지 못하는 인간의 시야, 즉, 인식하지 못하는 '신의 세계'를 지시한다.

인간은 절대 시간의 굴레에서 벗어날 수 없다. 반드시 대사활동을 해야 한다. 먹고 싸고, 잠을 자고 깨어나야 한다. 숨을 들이마시고 내쉬어야 한다. 정보를 받아들이고 결론을 도출해야 한다. 이렇게 글로 작성되는 것은 아직 10번, 바퀴 카드의 영역에 불과하다. 21번, 세계 카드는 그 의미를 글로 쓰는 것이 불가능에 가깝다. 바퀴 카드가 소우주(인지할 수 있는 세계)를 통치하는 카드라면, 세계 카드는 대우주(인지할 수 없는 세계)를 통치하고 있는 카드이다.

많은 경우 세계 카드를 '완벽하다'라는 키워드로 이해하고 있다. 바퀴 카드와 마찬가지로 완벽함의 주체는 내담자가 아니라 신이다.

좀 더 쉽게 예를 들면, '백수인 내가 취업을 할 수 있을까?'라는 질문에서 세계 카드는 백수가 완벽한 것이 아니라 백수가 취업에 완벽하게 조건을 맞춰져 있는 상태임을 말한다. 이는 스펙의 준비만이 아니라 해당 취업사의 인사과 상황, 백수가 원하는 취업사의 수준, 백수의 정신력, 시간의 흐름에 아직 묶여 있는 경험적 지식 등 모두 백수가 취업을 위해 완벽하게 조정된 상태를 말한다. 마치 와인 잔에 가득 들어 있는 물의 표면과 같다. 잔잔하다. 완벽하게 와인 잔을 채워놓은 상태이다.

그런데 타로에서 세계 카드는 사실 좋지 않다. 왜냐하면 이런 잔잔한 상태가 타로를 봄으로써 미묘하게 흐트러지기 때문이다. 가득 찬 와인 잔에 살짝 진동이 가해지는 것이다. 넘칠 것 같은 물은 넘치게 되고 실제 와인 잔에는 부족한 공간이 생겨 버리는 것이다. 따라서 타로에서 세계 카드가 나왔을 때는 다른 카드들과 비교하여 매우 신중하게 조언해야 한다.

> "너의 곁엔 신이 존재하지 않지만
> 너의 곁엔 항상 신이 존재한다."

이 세계는 인간이 인지할 수 있는 것과 인지할 수 없는 것의 합이다. 인간이 인지하여 구분한 긍정과 부정의 에너지는 실제로는 하나로 연결된 둥그런 화관이다. 긍정과 부정은 둘로 나뉘는 것이 아니라 무한으로 공전하는 하나의 룰이다. 인간이 구분한 4가지 기질 역시 4개로 나뉜 것이 아니라 4개의 방향성이다. 신은 이것을 모든 이에게 주었고, 그것을 인식한 대로 나눈 것은 인간이다. 어떤 것에도 치우쳐지지 않은 균형을 이룬 상태에 이르러야 성인이 된다. 균형을 이루지 못하더라도 이 4가지 방향성이 같은 방향임을 받아들인다면 그것 또한 균형을 이루는 길이다. 카드 그림에서 마법사가 가진 신의 지식을 상징하는 '완드(막대)'는 인지할 수 없는 것에 대한 지식이다. 나머지 하나는 우리가 모두가 인식하는 인지의 세계에서 자신의 가치이다. 두 완드가 겹쳐져 십자 표식을 이룰 때 신의 형상이 보일 것이다.

편견으로 이루어진 자신만의 문화를 벗어던져라. 그리고 인지와 이해에 얽매이지 말고 진화의 숄을 걸쳐라. 너의 곁엔 신이 존재하지 않지만 너의 곁엔 항상 신이 존재한다.

21_세계(The World)의 #해시태그
#T #타우 #토성 #땅(흙) #사투르누스 #크로노스 #십자가_아래_초승달 #신에_순응하는_어린양 #신이_준_아이 #거대한_굴레 #시간의_지배 #제한된_삶 #건조함 #냉랭함 #겉은_냉랭 #속은_온화 #표식 #십자 #식별 #개성 #유일신 #인지불가 #신의_세계 #대우주_통치 #완벽함의_주체는_신 #두_개의_완드 #완드의_교차

해시태그로 다시 되새겨보는 메이저 아르카나

0_바보(The Fool)의 #해시태그

#A #알레프 #공기 #황소 #신 #주권 #생각 #인간의_의지 #아이디어_실체화 #지동설 #코페르니쿠스 #갈릴레오_갈릴레이 #이해할_수_없는_소리를_듣는_아이 #소리의_패턴을_번역함 #종말의_예언 #예언_설파 #자신의_권력을_버림 #세계의_진실 #고민_해결

1_마법사(The Magician)의 #해시태그

#B #베트 #수성 #헤르메스 #융통성 #대처능력 #지성을_가진_자 #침대 #가족 #의존하는_존재 #두뇌회전 #통찰력 #내편과_네편 #센스와_재치 #신뢰와_불신 #신과_대화하는_남자 #세상언어로_이해할_수_없는_내용 #4개의_도구로_지혜의_내용을_풀어놓음 #이해하지_못한_대중의_차가운_평가 #사기꾼으로_오해 #사기죄로_구속 #무죄_선고

2_고위 여사제(The High Priestess)의 #해시태그

#C #G #기멜 #달 #디아나 #감정의_기질 #무의식적_습관 #기억 #수동성 #발 #이동하다 #옮기다 #모이다 #낙타 #근성 #건실 #하고_싶은_것과_그것을_통제하는_힘의_충돌 #중용 #스스로_다스림 #엄청난_노력 #불우한_환경의_소녀 #신앙에_의지 #율법서_탐독 #노력으로_오른_여사제 #방만해진_마음 #깨달음인가_권력인가 #어린_시절_불행의_기억 #인간의_악의에_대한_혐오감 #선택하지_못함 #우유부단

3_여황제(The Empress)의 #해시태그

#D #달레트 #금성 #아프로디테 #아름다움 #조화 #다산 #욕망 #매력 #Door #여성의_속옷 #약함 #임신 #조력자 #노동력 #생산성 #황후의_처세 #잇속_챙기는_귀족 #황후의_사교활동 #정치적_조력 #여성인_황후 #사랑이_필요함 #허전함 #질투심

4_황제(The Emperor)의 #해시태그

#E #헤 #양자리 #네펠레 #황금양 #봐라 #Look #hey #권력 #지배욕 #리더십 #꿈을_향한_열정 #집단의_균열 #인간계_최고_권력자 #야망 #흉계와_폭력 #반대파_처단 #권위 #열정 #지배욕 #성공한_남자의_지표 #과거_악행으로_인한_걱정 #노심초사 #반란과_암살에_대한_우려 #겁쟁이

5_교황(The Hierophant)의 #해시태그

#V #W #Y #바브 #황소자리 #제우스와_에우로페 #못 #고정 #단단 #신념 #악마카드와_비교 #염소자리 #판과_시링크스 #집착의_사랑 #예의 #인간을_다룸 #정답과_오답 #고집 #해결자 #목신_판의_장난 #쾌락과_윤리_사이_혼돈 #신의_목소리 #종교지도자 #고민_상담 #해결책은_신앙심 #자신의_선택권을_잊어버린_신도들 #남은자들의_공황상태 #자립심_부재 #열쇠를_만드는_법

6_연인(The Lovers)의 #해시태그

#Z #자인 #쌍둥이자리 #폴룩스 #카스토르 #혈연 #공기 #자유로움 #칼 #가름 #감정 #느낌 #설렘 #한몸 #러버스 #사랑 #한몸에서_태어난_남녀 #외로움과_고독함 #서로_부족한_부분 #설렘 #같은_생각 #노력 #대천사 #설렘의_지배 #경쟁과_질투 #오해와_다툼 #악의와_거짓 #설렘만이_사랑은_아님

7_전차(The Chariot)의 #해시태그

#H #헤트 #게자리 #헤라클레스 #히드라 #집게발 #벽 #울타리 #고집스러운_사상 #보수적_전통 #통곡의_벽 #양면성 #단단함과_두려움 #재빠름 #나약함 #사기꾼이자_현자 #혁명가이자_마법사 #신의_이야기를_묵묵히_전달하는_사람 #마법사의_사리사욕 #전달하는_남자의_의심 #우유부단 #철갑_무장 #정신은_지키지_못함

8_힘(Strength)의 #해시태그

#Th #테트 #사자자리 #네메아의_사자 #헤라클레스 #몰로르코스 #제물 #양_한마리 #바구니 #포함 #시장 #신념 #용기 #시골마을_하층민 #병약한_소녀 #독서광 #나쁜_귀족의_애완용_사자 #사자와_소녀의_대결 #마을사람들을_위해_결투에_나서는_소녀 #소녀의_지혜 #사자를_다스리는_향기 #귀족의_부당한_명령 #사자에게_당한_소녀 #마을사람들의_분노 #사자를_죽임 #귀족의_사지절단

9_은둔자(The Hermit)의 #해시태그

#I #요드 #처녀자리 #손 #창조 #데메테르의_딸 #페르세포네 #저승의_신_하데스의_납치 #대지의_풍요에_변화 #생산성 #창조성 #손의_중요성_망각 #곡물의_발아 #계절의_변화 #노동과_고통 #얻는_것과_잃는_것 #학식과_깨달음 #관찰과_탐구_추론으로만_해답을_찾아낸_학자 #오로지_자신만의_노력으로_이룬_성과 #세상을_바꿀만한_업적 #현자로_불림 #시간낭비 #체력소모 #고독감 #얼마_남지_않은_생명을_바침 #어린아이_수준의_대화 #정작_필요한_걸_놓침

10_운명의 수레바퀴(Wheel of Fortune)의 #해시태그

#K #카프 #목성 #유피테르 #제우스 #지혜 #정의 #가능성 #행운 #손바닥 #질서 #연결 #조율 #잡다 #책임 #굴레 #섭리 #자연 #보호자 #지식의_축적 #4원소 #인간=공기 #독수리=물 #황소=땅 #사자=불 #이원론 #티폰과_아누비스 #자연의_규칙 #대우주=외면 #소우주=내면 #외부에너지_2개 #내부에너지_4개 #자연의_섭리

11_정의(Justice)의 #해시태그

#L #라메드 #천칭자리 #정의의_여신 #아스트라이아의_저울 #공기 #강력한_이성 #지팡이 #지휘 #인도 #이성 #선택 #판단 #정의를_외치는_자 #억울함 #인간세계에_실망 #직접_정의구현_의지 #아스트라이아에게_기도 #신으로부터_정의의_저울을_받음 #정의구현_집행 #규칙을_만듦 #인간의_윤리 #빵을_훔친_거지소녀 #불쌍한_소녀의_사정 #빵집주인의_항변 #저울의_판단 #소녀에게_집행 #판단에_대한_괴로움

12_매달린 남자(The Hanged Man)의 #해시태그

#M #멤 #물 #감정의_기저 #피 #수분_섭취 #교육 #경험 #공감 #바다 #피 #수용하다 #보호하다 #희생 #T자형_나무 #하체=육신=죽음 #상체=영혼=생명 #인간미 #희생 #신탁의_소년 #측은지심 #계시의_실행 #매달려_죽음 #희생 #구원 #무모함 #관종 #기만 #희생의_날 #위선자라_욕하는_무리들 #추종자들에겐_고귀한_행위 #상관없는_사람들에겐_어떤_의미가? #그의_희생의_결과는_그가_원하는_것인가?

13_죽음(Death)의 #해시태그

#N #눈 #전갈자리 #오리온 #아르테미스 #헤라 #전갈 #씨앗 #정액 #지속 #영속 #시기 #질투=의도적인_죽음 #실수=비의도적인_죽음 #반성 #죽음의_신 #교육 #죽음을_어떤_의미로_받아들이느냐 #선악과 #생명나무 #죽음을_피한다며_오만해진_사람 #죽음의_사신 #죄_여부와_무관한_죽음의_운명 #죄와_벌에_대한_교육 #교리 #퇴색하는_교육 #반성을_요구하는_종교지도자 #죽음의_사신_등장 #무차별_살육 #이유없는_생멸 #따져묻는_종교지도자 #죄와_무관한_죽음의_보편성

14_절제(Temperance))의 #해시태그

#X #사메크 #사수자리 #켄타우로스 #케이론 #술주정 #장미 #가시 #중용 #차이에_대한_인정 #짐승의_본능과_인간의_이성_사이의_중용 #표독하게_보이지만_애처로운_장미 #편견_배제 #환경_적응 #환경_차이 #오해 #공감의_교집합 #틀림과_다름 #교류 #개성 #문화의_차이 #차이의_인정 #공감의_한계 #오해_대신_갈등 #감당_여부

15_악마(The Devil)의 #해시태그

#O #아인 #염소자리 #목축의_신 #판 #헤르메스 #애정표현 #질투 #시기 #이기심 #애정결핍 #눈 #진실과_거짓 #욕망 #쾌락 #쾌락에_대한_저항의식 #한몸 #순수한_인간 #인형 #판의_장난감 #욕망 #해소 #쾌락의_족쇄 #조종 #인간의_길 #인간의_기저에_내재된_마음 #양심 #윤리 #저항 #교육 #인간의_존엄성 #인간의_형상

16_탑(The Tower)의 #해시태그

#P #페 #화성 #마르스 #아레스 #자신감 #자기주장 #성생활 #힘 #공격적 #야만적 #공격적 #야심 #진취 #입 #대화 #호흡 #섭취 #비밀의_폭로 #전달력 #불온한_행동 #신이_되고자_노력 #신으로_착각 #오만 #방약무인 #황제와_황후 #제국 #스스로_자신을_신으로_믿음 #신의_분노 #거대한_번개 #탑의_붕괴 #황제부부의_추락

17_별(The Star)의 #해시태그

#Ts #차디 #물병자리(Aquarius) #가니메데 #의미없는_희생 #비전 #정신적_가치 #나의_감정 #심미적_만족감 #낚싯바늘 #욕심 #책임 #사기꾼 #자유로운_사고방식 #고양이 #따뜻함과_차가움을_물병으로_조절 #감정의_여신 #개성의_감정선 #미묘하고_섬세함 #슬픔_연민_동정 #기쁨_질투_경계심 #균형의_어긋남 #기계적_계산과_엄격한_규칙 #타인의_감정 #찢어지는_고통 #직접_간섭하기로 #아름다운_여인 #감정의_굴레에_빠짐

18_달(The Moon)의 #해시태그

#Q #코프 #물고기자리 #아프로디테 #에로스 #유프라테스강 #가이아 #티폰 #물고기로_변신 #끈으로_묶음 #유연함 #부드러움 #관계에_진심 #미 #사랑 #아름다움 #성욕 #관계성 #뒷모습 #수평선 #나아가다 #돌아오다 #비현실_경향 #냉소적_검토 #비판 #슬픔 #우울 #예술 #문화 #개성 #태양의_긍정성 #다양한_감성을_위해_신들이_만든_달 #비판적 #냉정 #섬세함 #차가움 #예술적_감성 #개성 #개성의_표현 #태양을_거부하고_달만_받아들이는_극도로_예민하고_냉소적인_사람들 #피해의식 #열등감 #가면 #음해 #우울증

19_태양(The Sun)의 #해시태그

#R #레시 #태양 #아폴론 #헬리오스 #자아 #자존감 #권력 #건강 #활력 #항성 #12황도_리드 #정의 #중재 #남성 #열정 #머리 #정상 #지도자 #첫_번째 #고위직 #영광 #지휘 #의존 #나태 #낙천적 #나른함 #유아적_특성 #활력 #절대적_위치 #에너지 #건강하고_따뜻함 #깨끗한_정신 #존경과_숭배 #의존 #은혜를_당연시 #스스로_태양인양 #도를_넘는_자신감 #낙천과_나태

20_심판(Judgement)의 #해시태그

#Sh #쉰 #불 #열정 #자부심 #스스로_발현하는_힘의_원천 #신념 #의지 #공격적 #약자_+공감 #가치관 #강자에의_반발심 #부싯돌 #양날의_검 #이빨 #압력 #뾰족함 #상아 #뿔 #언론 #최후의_심판 #육신_부활과_지옥_형벌 #심판의_날 #나팔_소리 #천상계 #기다림 #인간들의_착각 #죄사함에_대한_오해 #모두_지옥행

21_세계(The World)의 #해시태그

#T #타우 #토성 #땅(흙) #사투르누스 #크로노스 #십자가_아래_초승달 #신에_순응하는_어린양 #신이_준_아이 #거대한_굴레 #시간의_지배 #제한된_삶 #건조함 #냉랭함 #겉은_냉랭 #속은_온화 #표식 #십자 #식별 #개성 #유일신 #인지불가 #신의_세계 #대우주_통치 #완벽함의_주체는_신 #두_개의_완드 #완드의_교차

PART 02

Minor Arcana

마이너
아르카나

코트 카드

코트 카드(Court Card in Minor Arcana)

코트 카드는 4개의 슈트(Suit, 완드, 컵, 소드, 펜타클)와 4개의 위상(왕, 여왕, 기사=왕자, 시종=공주)의 조합으로 구성된 16장의 마이너 아르카나 카드이다.

코트 카드의 이론 구조는 4원소와 4계, 4개의 세피라(Sephira)로 표현되는 테트락티스(Tetractys)를 기본으로 한다. 4원소는 외부로 발출하려는 성질을 가진 자연 현상을 말한다. 4계는 세피로트 나무를 구성하는 단계를 말하는데, 각각 신의 영역을 말하는 아칠루트(Atsilut), 천사의 영역을 말하는 브리아(Briah), 현자의 세계를 말하는 예트지라(Yetsirah), 물질세계를 말하는 아시야(Asiyah)로 나뉜다. 4개의 세피라는 호크마(Hokmah), 비나(Binah), 티페레트(Tipereth), 말쿠트((Malkuth)의 테트락티스이다.

코트 카드 16장은 4원소를 4계 또는 4세피라로 분류하여 각각의 영역에서 어떻게 자연현상과 인간의 내면을 표현하는지와 어떤 방식으로 조응하는지 살펴보면 이해의 폭이 넓어진다.

코트 카드 위상 명칭에 관하여…

코트 카드의 4개의 위상(왕, 여왕, 기사, 시종)은 복잡한 역사와 의미를 가지며, 이에 따라 용어도 다양하게 구분된다. 타로를 구입해 보면 코트 카드를 표현하는 용어가 덱의 종류에 따라 다르다는 것을 알 수 있다.

유니버셜 웨이트 타로덱 때문에 우리는 왕, 여왕, 기사, 시종(=시동)이 당연하다고 알고 있을 것이다. 그러나 모던 타로덱의 시작점이라고 할 수 있는 골든던 타로덱은 왕(=기사), 여왕, 왕자(=귀족), 공주(=시동) 등으로 표현한다.

왕, 여왕, 왕자, 공주의 표기 방식은 카발리즘에 의해 분류된 방식이다. 왕을 '압바(Abba)', 여왕을 '아이마(Aima)'로 인식하고, 이들의 관계에서 잉태한 왕자를 '미크로프로소푸스(Microprosopus)'에 빗대었다. 마찬가지로 이들의 관계의 최종결과물인 공주를 인간계의 '큰엄마[Bride; 인간을 잉태할 수 있는]'의 상징으로 가져왔다. 이 개념은 우리의 삶을 넘어선 더 높은 곳의 영역에서 발현되는 기전이다.

이런 설명은 사실 카발라 등 고대철학에 대한 이해가 없다면, 쉽게 공감하고 이해할 수 있는 영역이 아니다. 웨이트경은 이를 극복하기 위해 카발리즘과 같은 구조 개념을 우리가 생활하는 삶의 기준으로 끌어들여 타로에 적용한 것이 바로 왕, 여왕, 기사, 시종이다.

카발리즘 방식이든, 웨이트경의 방식이든 인식 영역의 차이일 뿐 유사한 개념으로 볼 수 있다.

이 책에서는 타로의 매트릭스를 전체적으로 직관하기 위한 목적이므로 코트의 스토리를 왕, 여왕, 왕자, 공주로 표현하였다. 더불어 이 표현을 활용해 각 슈트를 4개의 나라로 설정하여 좀 더 공감 할 수 있는 형태로 표현했다.

왕
KING

왕은 불의 속성을 가진다.

공격적이고 저돌적이며 자신이 경험하거나 인지한 것에 대한 신뢰를 굳건히 한다. 그리고 무엇보다 자신의 성향이 국민들에게 영향이 갈 수 있기에 그 성향을 솔선수범하여 노력하게 된다.

열정을 뜻하는 완드의 왕은 자신의 힘을 올바른 곳에 사용하려고 노력을 기울인다.

감정을 뜻하는 컵의 왕은 자신의 감정과 타인의 감성을 이해하는데 능하기에 자신의 힘을 감성을 바탕으로 어떻게 사용하는지 보여준다.

이성을 뜻하는 소드의 왕은 자신이 무엇을 잘못했고 잘했는지 판단하는데 능하다. 이를 왕으로서 보여주고자 한다.

이익을 뜻하는 펜타클의 왕은 자신이 어떻게 해야 이익을 볼 수 있고 그 이익이 무엇을 위한 것인지 검토하는데 능하다. 왕으로서 솔선수범하는 자세를 보이는 것이 펜타클의 왕이다.

"강한 나라는
강한 정신력과
강력한 규율이
만드는 것이다."

King of Wands

완드는 광활한 토지와 자원이 힘인 나라였다. 그런 만큼 완드 국민은 노동을 미덕으로 여겼고 항상 무엇인가 생산했다. 완드 국민은 다른 나라에 비해 자급자족할 수 있는 능력과 힘을 가지고 있었다. 노력 여하에 따라 등급이 나누어져 있고 그에 합당한 대우를 받았다. 이는 국민들이 원하는 바였다. 완드는 이처럼 국민들에게도 합당한 권력이 주어진 국가였고, 왕이라고 해서 극진한 대접을 받을 수 없었다. 다른 나라에 비하면 꽤 민주주의 국가 형태를 가지고 있었고, 국민이 힘을 가져서 자주적인 국가 운영이 가능한 나라였다.

반면 이를 악용하여 발생하는 부조리가 많아 완드의 왕은 이런 상황을 정리하고 이끌기 위해 엄격한 규율을 세웠고, 공정한 정책을 펼쳤다. 각자 자신의 견해가 확실하고 그 입장을 강경하게 표현할 수 있는 문화를 가지고 있다 보니 공정한 제도가 필요했던 것이다. 완드의 왕은 꼼꼼하게 한 사람 한 사람의 입장을 고려하고 집단과 집단의 입장을 살펴 최선 내지는 차선의 제도를 펼쳐 국민의 안전을 도모했다. 만약 중립적 입장 없이 자신의 주관을 지키지 못하는 왕이었다면 그리고 국민과 국가를 사

랑하지 않고 자신의 이익만을 위한 왕이었다면 완드에서 왕의
위치에 있을 수 없었을 것이다.

항상 일이 잘 풀리리라는 법은 없다. 차
선책의 제도에도 불응하거나 더욱 심한
규칙 위반이 있으면 확실한 처단으로
본보기를 보여야 했다. 개인과 개인의
문제라면 이런 규칙과 제도로 충분히
일이 마무리되지만, 집단과 집단의 문제, 그것도 정부와 비슷한
규모의 집단과 다툼이 생기는 경우는 상황이 많이 달랐다. 왕의
자리를 노리는 경우도 있었다.

언젠가 왕족 바로 아래 귀족인 공작 집단과 사소한 시비로 다툼이 생기게 되었고 일은 점차 커져 나
라가 붕괴할 위기에 처했다. 공작의 의도는 왕을 자리에서 물러나게 하기 위함이었고 그 과정이 나라
의 규칙을 상당히 위반하는 것이었지만 모두 감쪽같이 숨겼고 이 사실을 왕만 알고 있었다. 왕은 상
황이 더 악화하지 않도록 공작가를 멸했다. 합당한 이유를 공표하지 않고 거행한 일이었다.

King of Wands의 #해시태그

#토지 #자원 #생산 #계급 #노동 #민주주의 #규율 #정책 #임벌 #본보기 #사명감 #귀족가의_반란
#왕의_반격

"이제 난 사교계의
왕이다!"

King of Cups

정방향
이야기

컵은 예술이 발달한 나라였다. 건축, 패션, 미술, 음악 등등 모든 나라가 예술을 배우기 위해 컵을 방문할 정도였다. 국방력, 경제력, 토지는 다른 나라에 비해 약했지만, 자국민뿐만 아니라 타국민의 정서에 컵의 문화를 뼛속까지 심어 두었기에 그 힘을 강대국도 무시할 수 없었다. 이러한 컵을 지탱하고 있는 건 컵의 왕이었다. 이런 컵을 강성하게 만든 위인이었다.

그러나 컵의 왕은 사실 모든 사람에게 무시당하고 천대받던 광대였다. 광대가 컵의 왕이라는 최고의 자리를 차지하는 데에는 큰 노력이 필요했다. 무대에 오르던 시절 자신이 왜 인기가 없는지 고민하다 자신의 감정만으로 공연을 해석하였음을 깨달았고, 타인의 감정을 읽기 위해 주의 깊게 타인을 살폈다. 그 결과 사람들의 관심을 끌게 되었으나 그 수는 소수였다. 그는 하위층 사람들에게 인기를 얻기 위해 따뜻함과 상냥함을 고위층 사람들에게 인기를 얻기 위해 예술적 지식과 재치 있는 허세를 공부했고 얼마 지나지 않아 사교계 최고의 인기인이 되었고 결국엔 컵의 왕이 되었다.

역방향
이야기

컵의 왕은 왕이 되고 나서 수많은 사교 활동을 했다. 그러나 왕의 자리가 사교 활동을 주목적으로 하는 건 아니었다. 왕은 국민을 지키고 나라를 지켜야 하는 의무가 있는 자리였다. 그는 지금까지의 경험으로 이렇게 저렇게 잘 넘어왔지만 사교 활동과 정치 활동은 차이가 있었다. 그는 사교적으로는 자신을 칭송하는 집단에 취해 있었고, 동시에 정치적으로는 자신을 공격하는 집단에 대한 부담감에 곤경에 처해 있었다. 두 개의 서로 다른 상황과 그로 인해 생기는 감정은 왕을 미치게 했고 이 상황을 회피하고자 쾌락에 빠져 여자와 술을 찾게 되었고 점차 폭군이 되어갔다.

King of Cups의 #해시태그
#예술 #사교 #광대 #타인의_감정 #따뜻함과_상냥함 #예술적_지식 #재치_있는_허세 #왕의_의무 #정치적_부담 #상반된_감정 #쾌락 #폭군

"내가
이 칼로 과연
사람을
죽일 수 있을까?"

King of Swords

소드의 왕은 고도의 경지에 오른 무술의 힘으로 왕이 된 사람이었다. 그는 무력이야말로 국가를 번영시키고 국민을 행복하게 해준다고 생각했다. 그는 적이 없을 정도로 강했고 그를 동경하는 많은 무인들을 부하로 두었다. 그의 명령은 거역할 수 없는 것이어서 그의 부하들은 그의 명령 하나로 수많은 사람들을 죽였다. 그도 검을 사용하여 죽음의 향연을 벌이기도 했는데, 적뿐만 아니라 선량한 민간인도 그의 무력에 희생당했다. 그는 거침없이 진격했고 많은 지역을 점령했으며, 수많은 국가를 거느리게 되었다. 시간이 지나 전쟁의 열기가 가라앉자 그는 어느 순간 자신의 검으로 무고한 사람들을, 그리고 너무 많은 사람들을 죽였다는 사실을 깨달았다. 그는 자신의 힘에 대해 혐오감을 느꼈고, 결국엔 검을 쥐는 것 자체가 두려워지기 시작했다. 그는 자신의 말 한마디가 수많은 사람들의 생사를 가를 수 있다는 사실과 폭력만으로 지배하는 것은 불행을 낳는 일이라는 것을 깨닫고 크게 후회를 했다. 소드 왕은 자신의 정치와_권력에 대해 진지하게 고민했고, 자괴감과 책임감 사이에서 괴로워했다.

역방향
이야기

검이 두려워진 왕은 검을 사용하는 데 주저함이 생겼다. 하지만 무를 중요시하는 나라의 왕으로서 검을 놓을 수는 없었다. 소드의 왕은 앞으로 자신이 검을 어떤 식으로 사용해야 할지 매우 심각한 고민에 빠졌다. 고민에 빠진 왕은 손속이 점점 둔해지고 냉정함이 사라져갔다. 그렇지만 정신은 죽지 않았기에 엄격하게 신하를 제어했다. 하지만 사람들은 왕이 늙었고 점점 소심해진다는 사실을 눈치챘고, 왕을 신뢰하지 못했다. 사실과 오해의 사이에서 왕은 어설프게 검을 들어 보였고 사람들은 더 이상 왕을 두려워하지 않게 되었다. 기어이 반란의 조짐도 보였다.

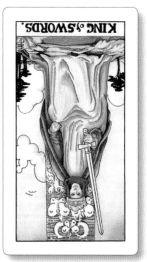

King of Swords의 #해시태그

#무술 #무력 #폭력 #권력에_대한_고민 #무고한_희생자 #후회 #검에_대한_두려움 #검의_사용 #갈등과_소심 #사실과_오해 #무력함 #반란의_조짐

"물의 나라와의
거래는 성공적이었어.
불의 나라와는
어떨까?"

King of Pentacles

정방향 이야기

펜타클 왕은 이해타산이 빠르고 거래에 능한 왕이었다. 다른 나라에 비해 무력이 떨어지는 펜타클이 강성한 이유는 왕의 비즈니스 능력 덕분이었다. 펜타클은 건국 당시에는 굉장히 약소국이었다. 국민들은 노예와 다름없는 삶을 살았고, 종교 권력이 막강한 봉건주의 사회였기에 국민들은 좌절할 수밖에 없었다. 국민들은 조금만 더 행복하기를 갈망했다. 어느 날 어떤 남자가 펜타클의 국민의 염원을 듣고 머리를 굴렸다. 현재 권력을 쥔 귀족들이 원하는 이익과 그 이익을 만들어낼 수 있는 아이디어 그리고 이 아이디어를 방해하는 세력들에 대한 정리와 더불어 그것을 정당화하는 방법을 생각했다. 그가 추구한 것은 돈에서 나오는 힘이었다. 모든 권력과 행복은 돈에서 나오는 힘에서 비롯한다는 것을 알고 있었다. 왕은 돈을 얻고 이 돈을 통해서 얻을 수 있는 또 다른 이익을 위해서라면 자신의 지위와 자존심도 내려놓을 준비가 되어 있었다. 이를 방해하는 세력에게는 서슴없이 경제적 압박을 주었고 더 심할 경우엔 폭력 행사도 서슴지 않았다.

역방향 이야기

많은 것을 가지게 된 펜타클 왕은 자신이 가진 것을 쌓아두지만 않았다. 사실 더 많은 이익을 얻기 위해 저지른 만행들을 영악한 센스로 원만하게 처리했다. 센스로 처리가 어려운 일은 돈으로 해결했다. 자신을 위해 쓰는 돈도 많았지만 자신의 나라 그리고 돈이 되는 아이디어를 위해 많은 돈을 투자했다. 펜타클 왕이 돈을 버는 이유는 많이 쓰기 위함이었다. 그러나 점점 이런 이념과 성격도 돈의 유혹 앞에서는 중심을 잡기 어려워졌다. 점점 타인을 위해 쓰는 돈보다 자신을 위해 쓰는 돈이 많아졌고 나라는 점점 궁핍해져 갔다.

King of Pentacles의 #해시태그

#이해타산 #거래 #비즈니스_능력 #돈의_힘 #돈이_되는_아이디어 #자존심도_버림 #영악한_센스
#투자를_위한_씀씀이 #돈이_이념 #강력한_돈의_유혹 #치부

여왕

QUEEN

여왕은 물의 속성을 가진다.

감정적이며 타인의 입장과 생각을 항상 고려한다. 자신이 내조하는 왕의 입장을 먼저 생각한다.

열정의 상징인 완드의 여왕은 자신의 힘을 어디에 사용할지를 중요하게 여긴다. 여왕으로서 타인을 위해 그 힘을 사용한다.

감정의 상징인 컵의 여왕은 자신의 감정과 타인의 감성을 이해하는데 능하다. 여왕으로서 감정을 공유하며 부족한 부분을 채우고, 부족함이 없다면 스스로를 낮춰 공감의 수준을 맞춘다.

이성의 상징인 소드 여왕은 정의와 불의를 판단하는 데 능하다. 여왕으로서 타인의 과오를 판단하고 그에 따른 처분을 확실하게 실행한다.

이익의 상징인 펜타클 여왕은 자신이 어떻게 해야 이익을 볼 수 있고 그 이익이 무엇을 위한 것인지 검토하는 데 능하다. 여왕으로서 이익의 흐름을 읽고 그 이익을 챙긴다.

"난 모든 생각을
받아들인다.
그러나 결정은
왕이 하겠지."

Queen of Wands

정방향
이야기

엄격한 규율과 노력에 따른 합당한 대가를 주는 정책은 국민들로 하여금 경쟁력과 열정을 갖게 했지만 정책을 꾸리는 귀족의 입장에서는 그만큼 손해였다. 완드의 왕은 자신의 이익과 힘을 정의롭게 풀어가길 바랐다. 왕은 본인이 하고자 하는 대로 살아도 무방했지만, 다른 권력자들은 그렇지 않았다. 완드의 여왕은 왕의 엄격함 뒤에 있는 성실함이 도리어 요령 없고 독선적인 태도를 만든다고 생각했다. 왕의 부족함을 알고 있는 여왕은 왕이 힘을 잃지 않도록 하층민을 위한 정책에 불만을 품고 있는 귀족들을 다독거리며 중간에서 신뢰 관계를 구축해 나갔다. 역동적인 국민성에 걸맞은 스포츠와 사냥 모임 등 귀족만의 유흥거리를 만들었고, 사교활동을 못 하는 왕 대신 연회를 베풀며 귀족들끼리 소통하도록 유도했다. 또한 귀족과 왕 사이에 다리 역할을 하며 하층민만을 위한 정책이 아니라 국민 모두를 위한 정책을 펴도록 설득했다. 더불어 하층민의 복지를 지지하는 정책자들도 귀하게 대접했고, 정치적 반대 세력조차 포용하였다. 완드의 여왕은 왕의 힘에 균형감을 더해주는 여장부였다.

생각한 대로 모든 것이 풀려나가면 더할 나위 없이 좋지만 여왕에 불만을 가지는 세력도 있었다. 겉보기에 여왕은 세력 간의 다리 역할을 하는 듯 보였지만 다르게 말하면 줏대 없이 변덕스러운 정치를 하는 것처럼도 보였다. 반대 세력에게 그들의 정책을 반영하도록 하겠다고 약속하며 희망을 주었지만, 희망 고문이 될 때가 많았다. 여왕은 자신의 의도와는 달리 거짓말을 하게 된 것이었다. 게다가 스포츠나 사냥 모임이 소통의 장이 아닌 경쟁의 싸움터가 되기 일쑤였으며, 이는 계급을 나누는 또 다른 방식이 되기도 했다.

Queen of Wands의 #해시태그
#노력의_대가 #귀족의_손해 #독선적이고_고지식한_왕 #여왕의_지혜 #중간_다리 #귀족층과_신뢰_구축 #스포츠 #사냥 #연회 #귀족_소통 #국민을_위한_정책 #반대세력_포용 #여장부 #변덕 #희망고문 #의도치_않은_거짓말 #경쟁의_장 #싸움터

"난 그냥…
혼자 떠나고 싶어."

Queen of
of Cups

컵의 왕은 하층민에서 시작해 사교계의 왕좌에 오른 남자다. 고등교육을 받지 못했고 오로지 자신이 경험에 의지해 감정적으로 움직였다. 이런 왕을 내조하는 컵의 여왕은 굉장한 귀족가의 딸이었다. 소심하고 조용했지만 모든 교육과정을 훌륭하게 이수한 수재였다. 신사적이고 재미있으며 멋진 남자로 유명한 컵의 왕의 단점인 '빈 수레의 요란함'을 여왕의 지혜가 채웠다. 정치력은 강했지만 사교계 활동에 집중하느라 집안에 신경을 전혀 못 쓰는 남편을 대신해 자식의 교육을 도맡았다. 하층민을 전혀 신경 쓰지 않고 귀족 중심으로 정책을 펴는 왕을 대신해 하층민에게 예술을 알리고 교육을 시행했다. 왕은 이런 여왕의 태도를 못마땅해했고 무시했지만 여왕은 상처를 받으면서도 묵묵하게 자신이 해야 한다고 생각한 일을 했다.

역방향 이야기

컵의 나라는 유흥의 나라였다. 즉, 얼마나 즐겁게 보이느냐에 따라 대접이 달라졌다. 컵의 여왕은 상당한 미인이었지만 컵의 나라에서 미의 기준은 외모가 전부는 아니었다. 여왕은 다양한 지식을 가지고 있었으나 남에게 즐거움을 주지 못했다. 대중적인 즐거움보다 교양 있는 지식을 섭렵하고 그것을 표현하는 것이 진정한 즐거움이라 생각했다. 세습된 위치만 아니면 여왕은 하층민과 다를 바 없는 존재였다. 여왕은 자신이 처한 현실을 잘 알고 있었고 자신의 성격이나 사상을 어떻게 해야 할지 고민이 많았다. 여왕은 고독했고 감정을 잘 드러내는 편도 아니었기에 주변 사람들은 여왕이 고민을 하고 있는지도 사실 잘 몰랐다. 남편한테 무시당하는 것, 주변인들에게 은근히 배척받고 놀림 받는 것 등등. 여왕에겐 스트레스가 되었고 그것이 누적되었다. 자신의 삶은 스스로 생각하기엔 정당했다. 그러나 세상은 보이지 않는 힘으로 자신의 삶을 계속 부정하게끔 종용했고, 그 사실이 매우 슬펐다.

Queen of Cups의 #해시태그

#사교계의-왕 #감정적인_왕 #고등교육 #귀족가의_딸 #수재 #여왕의_지혜 #교육과_예술 #하층민_우대 #묵묵하게_수행 #유흥의_나라 #교양 #고독 #조용한_성격 #배척당함 #스트레스_누적

QUEEN of SWORDS.

"내 말이 곧
정의다."

Queen of Swords

정방향 이야기

승리를 위한 폭력이 전부인 소드에서 가장 강한 자인 왕의 타락을 여왕은 처음부터 끝까지 지켜보았다. 소드의 여왕은 그를 매우 사랑했다. 그가 얼마나 강한 사람인지는 가장 잘 알고 있었다. 소드의 왕은 무술이 굉장히 뛰어났다. 승리하는 방법을 잘 알고 있는 남자였다. 그것에 비해 신체 능력은 부족하지만 승부욕이 강한 여왕이 왕을 뒷바라지했던 것이다. 그렇게 여왕의 자리에 올랐다. 그래서 여왕은 왕이 왜 주눅이 들었는지 명확하게 알고 있었다. 왕은 물리력에서는 최고였지만 정치력에선 매우 나약했다. 힘으로 누를 수 없는 것이 있다는 것을 알고 왕은 이미 자신이 패배한 것처럼 여기고 패배감에 휩싸였던 것이다. 여왕은 살아도 살아있는 것이 아닌 왕을 원망했고, 왕을 이렇게 만든 귀족들에게 매우 분노했다. 여왕은 물리력이 약했지만 다른 부분에서 매우 강했고, 그중 정치에 대해선 굉장히 명석했다.

역방향 이야기

여왕은 왕권에 대항하는 모든 세력을 가혹한 법과 정치적 모략을 활용해 처단해갔다. 손에 피를 안 묻히고 적들을 전부 학살했다. 여왕은 남편에게 권력을 돌려주고 싶었고 남편을 무시하는 자들에 대한 분노에 휩싸여 있었지만 이런 혼란한 감정을 기계적으로 제어했고 자신에게 절대 피해가 오지 않도록 모든 수단을 사용해 권력을 장악했다. 더 이상 여왕에 대항할 자들이 없었고 나라의 실제 권력자가 된 여왕은 남편에게 그 권력을 행사할 수 있도록 독려하지만 오히려 왕은 여자에게 패배했다며 더욱 숨어버렸다. 여왕은 이를 숨기고 왕을 이용하여 더더욱 권력을 견고히 하며 왕이 정신 차리길 기다렸다.

Queen of Swords의 #해시태그

#승리 #왕의_타락 #승부욕 #주눅든_왕 #나약한_정치력 #사악한_귀족 #여왕의_정치력 #가혹한_법 #정치적_모략 #적들_처단 #감정_제어 #권력_장악 #남편에게_권력이양 #남편의_패배감 #권력_강화

"지금 누리는 부를
유지해야 해."

Queen of Pentacles

**정방향
이야기**

재력이 막강한 남자의 부인으로 살고 있는 펜타클의 여왕은 누구나 부러워
하는 사람이었다. 그녀도 매우 행복했다. 비즈니스 수완이 좋은 왕의 옆에만
있는 것만으로도 저절로 사업을 배우고 회계를 익히며 돈 흘러가는 흐름을
읽을 수 있는 능력을 길렀다. 자연스럽게 자신감이 생겼고 이러한 자신감은
여유를 만들었다. 왕보다 뛰어난 점이 여왕에게 있었다. 왕의 무모하고 대담
한 투자방식에 비해 깔끔한 계산과 예리한 회계 운용으로 돈을 움직이는 계산능력이었다. 왕은 이러
한 여왕의 능력을 알고 있었기에 투자 전에 조언을 구했고, 대부분의 돈을 여왕에게 맡겼다. 남다른
지식과 풍요로 인한 여유는 여왕의 품격을 자연스럽게 높였다.

역방향 이야기

여왕에게 단점이 하나 있다면 그것은 장점이기도 한 철저한 계산능력이었다. 계산능력이 뛰어났기 때문에 손해의 여지가 있으면 절대 손대지 않았다. 모험이 없었기에 큰돈을 만지기 어려웠다. 왕의 고집스러운 투자 탓에 이익을 본 적은 있었지만, 큰 이익을 볼 때조차 여왕은 항상 반대를 했다. 당연히 큰돈을 만지는 것에 대한 두려움이 있는 만큼 안전하게 많은 돈을 취해야 품위유지가 되었고 이는 욕심을 부려야 한다는 말과 같았다. 여왕은 안전한 방식으로 계속해서 조금씩 돈을 모았고 다소 가난하고 힘든 사람들의 돈도 야금야금 야박하게 뺏기도 했다.

Queen of Pentacles의 #해시태그
#재력 #비즈니스_수완 #사업과_회계 #현금의_흐름 #자신감과_여유 #계산_능력 #투자_조언 #자금_관리 #장점이자_단점 #모험을_주저함 #안전_관리 #품위_유지 #욕심 #야박함

왕자
PRINCE
(Knight)

왕자는 공기의 속성을 가진다.

역동적이고 직접 오감으로 체험하여 상황을 판단한다. 따라서 생각보다는 자신이 느낀 것을 신뢰하고 많은 것을 숙지하려 한다. 그러나 이렇게 숙지한 많은 경험들은 편견이 되기도 하여 직선적인 행동과 감정으로 이어진다.

열정을 뜻하는 완드의 기사는 자신의 힘을 어디에 사용해야 할 것인가가 중요한 관심사이다. 기사로서 그 힘을 직접 사용하고 경험한다.

감정을 뜻하는 컵의 기사는 자신의 감정과 타인의 감성을 이해하는 데 능하다. 기사로서 자신의 감정을 직접 경험하여 즐기고 때로는 상처를 받는다.

이성을 뜻하는 소드의 기사는 자신이 무엇을 잘못했고 잘했는지 판단하는데 능하다. 기사로서 자신의 잘못과 오만에서 기인한 오류를 직접 경험한다. 그러나 그것을 인정하지 못한다.

이익을 뜻하는 펜타클의 기사는 자신이 어떻게 해야 이익을 볼 수 있고 그 이익이 무엇을 위한 것인지 검토하는 데 능하다. 기사로서 이익이 가져오는 사건에 대해 경험하려고 하지만 그 경험이 어떤 결과를 가져올지 두려워 경험하지 않으려고 피한다.

KNIGHT of WANDS.

> "난
> 위대한 모험가가
> 될 거야."

Prince of Wands

정방향 이야기

완드의 왕위를 계승할 왕자가 태어났다. 왕자는 아버지의 단호함과 우직한 성품이 남자답다고 여겼고, 어머니처럼 활달하며 역동적인 사람을 여성으로 생각했다. 왕자는 세상은 인간의 열의와 노력으로 만들어졌으며 모든 사람이 자신의 일에 자부심을 느끼고 그에 매진하고 있다고 배웠다. 왕자는 모험가의 이야기를 매우 좋아했다. 모험가를 선망하고 꿈을 꿨다. 시간이 지나고 왕자가 성인식을 치른 날. 어릴 때부터 계획했던 일을 바로 실행에 옮겼다. 바로 그 모험가가 찾지 못했던 길을 개척하는 것이었다. 아버지와 어머니의 허락은 받지 않았다. 허락하지 않을 것이기 때문이었다. 그는 자신과 같이 꿈을 키워온 동료들과 함께 바로 모두의 만류에도 불구하고 바로 모험을 떠났다.

역방향
이야기

수년 뒤 왕자가 돌아왔다. 사람들은 무사 귀환을 기뻐했다. 그러나 왕자의 표정은 좋지 못했다. 왕자와 같이 갔던 동료들도 마찬가지였다. 왕궁으로 들어온 왕자는 방에 틀어박혀 나오지 않았

다. 걱정이 된 왕과 왕비는 같이 모험을 떠났던 동료에게 무슨 일이 있었는지 물어보았다.

모험을 한 지 2~3개월은 정말 즐거웠고 새로운 것을 많이 발견했다. 모든 것이 처음 경험하는 것이라는 자부심을 가지며 즐거웠고 벅차올랐다. 모든 것이 자신의 것이고 완드의 것이며 이것이 국민들에게 많은 유익을 줄 수 있을 것이라 여겼다. 그러나 그때 완드에서 멀리 떨어진 펜타클에서 온 사람들을 만났다.

자신들은 다른 나라에 물건을 팔고 있는 중이라고 했다. 그리고 그들과 펜타클에 대해서 많은 이야기를 나눴다. 그때부터 왕자의 표정은 좋지 못했고 우울함에 빠져 버렸다. 아마도 지금까지 배운 일련의 교육들이 구시대적이라는 느낌을 받아서 패배감을 느낀 걸지도 몰랐다. 그렇게 몇 개월을 우울함에 빠져 모험을 하는 둥 마는 둥 하다가 또 다른 나라에 들어가게 되었고 그 나라의 하층민에게 연민을 품었다고 한다. 그런데 충격적이게도 그 나라는 일을 하지 않고 노래하고 춤추는 게 전부인 나라였다. 게다가 그 하층민에게 배신당하고 멸시까지 당했다. 왕자는 지금까지의 우울감을 해소하는가 싶다가 더 큰 충격에 빠졌고 더 이상의 모험은 어려워 완드로 돌아온 것이다.

Prince of Wands의 #해시태그
#왕위계승 #왕자 #우직한_남성 #역동적인_여성 #열의와_노력 #자부심 #모험가 #동료 #귀환
#펜타클_사람들 #자격지심 #패배감 #우울함 #구시대_교육 #하층민과_연애 #실연 #배신과_멸시
#불행한_귀환

> "모든 사람들은
> 행복할 거야~"

Prince of
Cups

**정방향
이야기**

컵의 왕위를 계승할 왕자가 태어났다. 어린 왕자는 아버지의 사교 능력을 존경했고, 어머니의 자상하고 따뜻한 심성을 보고 배우며 자랐다. 왕자는 이 세상 사람들은 모두 행복하고 즐거우며 누구에게나 친절하고 따뜻하다고 여겼다. 더욱 행복한 삶을 누리기 위해서 어떻게 해야 할까 하는 즐거운 꿈을 꾸며 지내곤 했다. 왕자는 성인이 되고 본격적으로 사교 활동을 시작했다. 수려한 외모에 깔끔한 매너 그리고 신사적 품격에 많은 사람들이 매료되었다. 많은 귀족 여성들이 왕자에게 청혼했고 다른 나라에서 온 공주들도 흘깃흘깃 쳐다보았다. 왕자는 자신의 사교 능력에 취했고 만족했다.

역방향
이야기

연회가 끊이질 않는 컵의 나라에 다른 나라의 귀족들만을 위한 자리가 만들어 졌다. 대부분의 나라가 연회시설이 좋은 컵의 나라로 모여 세계정세에 대해 논의하고 친목을 나누었다. 컵의 왕자도 참석하였다. 왕자는 그곳에서 강인한 풍채에 우울함과 분노가 느껴지는 한 남성을 발견했다. 생소한 느낌의 사람이어서 호기심이 생겼고 그 남자에게 다가가 미소를 지으며 인사를 했다. 단 한 번도 왕자의 미소에 넘어오지 않는 사람은 없었다. 매력적인 미소와 품격으로 인사를 건넸지만 그 남자는 왕자를 보고 세상에 둘도 없을 역겨워하는 표정을 지으며 자리를 떠났다. 왕자는 충격을 받았다. 표정만으로 사람에게 모욕과 수치를 주고 큰 상처를 남길 수 있다는 것을 처음 깨닫게 되었다.

왕자는 자신의 가슴에서 피어오르는 감정이 무엇인지 몰랐다 느껴 본 적 없었다. 가슴이 뜨거워지고 머리가 터질 것 같았다. 왕자는 이런 심리적 혼란에도 불구하고 사람들과 계속 인사를 나눴다. 평소에는 여자에게 눈길조차 안 주던 왕자의 눈에 지금까지 본 적 없는 창백한 피부와 알 수 없는 표정을 지닌 미모의 여성이 들어왔다. 왕자는 호기심 어린 마음으로 이 여성과 오래 이야기를 나누었다. 1년 뒤, 컵의 왕은 왕자를 크게 꾸짖었다. 왕자 입에서 국가 기밀이 새어나간 것이었다. 왕자는 자신은 아무것도 할 줄 아는 게 없는 바보가 된 것 같아 우울함에 빠졌다. 그대로 가다간 사람을 미워할 것 같았다.

Prince of Cups의 #해시태그

#사교적인_남성 #자상한_여성 #행복한_세상 #친절한_마음 #사교활동 #매너와_품격#인기절정의_매력 #대규모_연회 #수상한_남성 #남성의_거절 #수치와_모욕 #분노와_당혹 #처음_느끼는_여인에_대한_감정 #비밀_폭로 #스파이 #자괴감

> "감히
> 나를 놀려?"

Prince of Swords

정방향 이야기

소드의 왕위를 계승할 왕자가 태어났다. 아버지의 강한 무력과 기술을 익혔고, 어머니의 논리력과 정치력을 존경했다. 어릴 때부터 강한 힘과 영리한 머리로 가장 강한 사람이 될 거라는 이야기를 들었고, 실제로 소드에서 가장 뛰어난 재능과 역량, 잠재력을 가진 어린 소년으로 자랐다. 왕자는 이 세상 어떤 것도 자신의 무력, 정치력, 권력에 대항하지 못할 것이고 누구라도 이길 수 있다고 생각했다. 그렇다고 오만하진 않았다. 오만은 안 보이는 단검이라고 어머니에게 배웠기 때문이다. 오로지 눈에 보이는 상황을 인지하고 신뢰하며 의심의 끈을 놓지 말고 자신의 검을 휘두를 땐 다른 이에게 피해가 있을지 없을지 조심해야 한다고 배웠다. 왕자는 자제심을 익히고 자신을 숙성시켰다. 소드의 왕자는 자신감 넘치고 스마트한 남성으로 성장했다.

역방향 이야기

어느 날 편지 한 장을 받았다. 편지에는 컵의 인장이 찍혀 있었고 몇 달 전에 자신은 참석하지 않았던 연회 이야기가 적혀 있었다. 문장은 깔끔하며 품격 있었다. 왕자는 언어가 뛰어나진 않았지

만 그 내용이 어쨌든 자신을 칭송하는 내용이라는 것을 알았다. 왕자는 얼굴도 보지 못한 자가 자신을 칭송하는 것에 대해 자신의 명성이 널리 알려진 것 같아 살짝 우쭐해졌다. 이런 편지는 지속해서 왔고 왕자는 점점 어깨가 올라갔다. 어머니가 당부했던 오만한 마음이 스며들었다.

왕자는 물자 조달의 임무를 받고 펜타클에 가게 되었다. 펜타클의 왕과 왕자는 자리에 없었기에 여왕과 공주가 자신감이 넘치는 이 왕자를 맞이했다. 왕자는 자신처럼 대단한 남자에게 관심이 없고 허공만 바라보는 공주에게 승부욕이 생겼다. 그래서 자신이 지금까지 받았던 칭송들을 공주가 듣든 말든 계속 이야기했다. 공주는 가만히 허공을 보다가 왕자를 돌아보았다. 초롱초롱한 눈빛이지만 장난기는 없었고 몽환적인 표정이지만 얼빠져 보이진 않은 묘한 인상이었다. 공주는 차분하게 그리고 충분히 왕자를 감정을 배려하며 지금까지 들었던 칭송들에 대해 하나하나 잘못 이해한 점을 설명했고 왕자는 반박할 수 없는 말재주와 논리에 설득당했기에 굉장히 분노했다. 그러나 공주 앞에선 정중하게 감사를 표하고 함께 온 가신들을 놔두고 혼자 말을 타고 떠났다.

Prince of Swords의 #해시태그

#무력의_남자 #논리력의_여자 #강한_아이 #오만함의_단검 #신뢰와_의심 #배려와_자제심 #자신감과_스마트함 #컵의_인장이_찍힌_편지 #칭송과_오만 #펜타클의_공주 #오만을_꺾은_논리

> "지금 누리고 있는
> 부를
> 지켜야 해."

Prince of
Pentacles

**정방향
이야기**

펜타클의 왕위를 계승할 왕자가 태어났다. 아버지의 재산을 물려받았고, 사업
수완과 도박사 기질을 배웠으며, 어머니의 계산 능력과 조심성을 익혔다. 왕
자는 아주 어렸을 때부터 부모님의 교육관이 충돌하는 것을 깨달았다. 아버
지는 과감했지만 어머니는 조심스러웠다. 그래서 이것도 저것도 할 수 없었
다. 바닷물보다 많은 양의 돈이 머릿속으로 그려졌고 그 돈들은 이들의 말을
모두 수용하면 절대 흐르지 않고 고인다는 것을 깨달았다. 그러나 말을 할 수는 없었다. 두 분 다 자
존심이 강하기 때문이었다. 왕자는 이 세계가 무서웠다. 자기가 잠깐 실수를 하면 수만 명이 죽을 수
있음을 알았기 때문이다. 성인이 될 때까지 왕자는 최대한 움직임을 자제하고 말을 아꼈다.

성인이 된 왕자에게 상단을 이끌고 무역을 하는 임무가 주어졌다. 철저하게 물자와 경로, 교역과 협상 내용에 대해 숙지하면서 천천히 나아갔다. 어느 날 그는 한 무리의 모험가들을 만났고 자신과 다르게 새로운 것을 탐험하는 사람이 있다는 것을 알게 되었다. 그러나 결과는 모험단이 무모했음을 깨닫는 쪽으로 흘렀다. 왕자는 모험단 리더의 심정을 알 수 없었으나 표정이 좋지 못함을 느끼고 빠르게 자리를 피했다. 그리곤 말 한마디가 정말 무섭다는 것을 되새기며 말조심하자고 다짐했다. 상단의 목적지는 멀었고, 주의를 기울인 탓에 더욱 느리게 나아갔다. 어느 날 지도에 없던 기이한 숲이 생겨 멀리 돌아가야만 하는 상황이 발생했다. 왕자는 당황했다. 그런데 그때 백마를 탄 차가운 인상의 남자가 칼을 들고 숲으로 뛰어 들어갔다. 괴물들의 처절한 비명이 들렸다. 잠시 후 백마 탄 남자가 돌아왔다. 이 남자와의 대화는 말조심할 필요가 없었다. 모든 대화는 남자가 주도했다. 남자는 누군가 자신을 모욕했고 그에 대해 복수하러 가는 중이라고 했다. 왕자는 자신이 분노에 대한 감정을 가졌을 때 어떻게 할지 이 왕자와 대비해 생각해 보았다. 왕자는 이렇게 또 시야를 넓혔다. 목적지에 다다를 무렵 영리하게 보이는 젊은 아가씨가 황무지에서 무언가 깊이 생각하다 혼자서 땅에 무엇인가 그렸다가 지우고 나무를 이곳저곳에 놓았다가 치우길 반복했다. 왕자는 너무 궁금해 무엇을 하는지 물었고 여성은 의뢰를 받은 설계도로 건물을 짓는데 쉽지 않다고 하며 그래도 노력 중이라고 얘기했다. 왕자는 자신이 알고 있는 부분에 대해 조언해 주었다. 왕자는 지금까지 만나왔던 사람들을 생각했다. 다들 자신의 짐을 지고도 앞을 향해 나아가는데 자신은 무엇이 두려워 못하고 있는가 고민했다.

Prince of Pentacles의 #해시태그

#사업가이자_도박사인_남자 #계산능력의_여자 #혼돈의_젊은시절 #실수에_대한_두려움 #무역상
#모험단의_리더 #말조심 #괴물의_숲 #백마탄_기사 #복수 #건축가_소녀

공주

PRINCESS

(Page)

공주는 땅의 속성을 가진다.

겉으론 우아하지만 속내는 자신의 욕구를 채우기 위한 에너지가 무한히 생성된다. 땅은 아이디어를 잉태하는 어머니이고 자신의 아이를 최대한 열심히 보육하여 최고의 열매를 맺게 하기 위해 한평생을 살아간다. 그렇다 보니 자신의 몸속에서 태어난 아이디어를 실현하기 위한 행동에 거침이 없고 그 아이디어를 위해서라면 사회에서 정해놓은 규칙을 간단히 무시하곤 한다. 마치 철없는 꼬마 귀족 아가씨처럼 보일 수 있지만 굉장히 자연의 이치에 순응하는 순수한 태도이다.

열정의 상징인 완드의 공주는 자신의 아이디어를 어떻게 사용해야 할 것인가가 중요한 관심사이다. 자신의 사회적 위상과는 상관없이 순수하게 자신의 아이디어를 사용할 방법과 기술을 익히고 배양한다.

감정의 상징인 컵의 공주는 자신이 가진 사교계에서의 아이디어를 빠르게 적용하는데 능하다. 사람과 사람의 관계를 위상이 아닌 순수한 인간관계로 보는 독특한 개념 때문에 상대방으로 하여금 빠르게 호감을 이끌어낼 수 있다.

이성의 상징인 소드의 공주는 자신의 부족한 부분을 채우기 위한 아이디어를 계속 생각해 낸다. 그녀는 순수하게 자신이 사회에서 살아남기 위해 자신에게 필요한 부분을 정확하게 짚어내려고 하는 욕구가 있다.

이익의 상징인 펜타클의 공주는 자신의 아이디어로 이익을 실현하기 위한 실질적 계산에 능하다. 생각만으로는 실현이 어렵다는 것을 알고 있기에 학문에 대한 열의가 강하다. 그리고 그 학문에서 순수하게 자신이 필요한 것만 유용하게 잘 이용할 줄 안다.

"이건
어떻게 만들었지?"

PAGE of WANDS.

Princess of Wands

정방향
이야기
와드의 공주는 매우 명랑했다. 공주는 아주 어렸을 때부터 마을에 내려가 목
공소, 대장간, 직물관리소, 도살장 등등에서 일하는 많은 장인들과 친하게 지
냈다. 공주가 귀여워 자신의 비법을 알려주는 장인도 있었다. 상대도 안 해주
는 장인에게서는 어깨너머로 기술을 배웠다. 엄마는 드레스를 입혀서 내보내
면 심하게 망가뜨려 오기 때문에 남자들이 입는 편안한 옷을 입혀 내보냈다.
철이 들 무렵 혼자서 나무를 베고 손질하여 도구를 만들기 시작했다. 엉망진창인 도구들을 해맑은 웃
음으로 자랑하고 다녔는데 항상 엄격한 아버지에게 혼이 나곤 했다. 그렇다고 물건을 만드는 일을 그
만두지 않았다. 옷, 무기, 장신구, 공구 등등 여러 기술을 사용하는 데 점점 능숙해져서 건축까지도
손을 대기 시작했다. 사람들은 공주의 열정을 높이 평가했고 많은 것을 알려주려고 노력했으며, 아버
지를 제외한 모든 사람들이 일할 수 있도록 도와주었다.

130 직관의 타로

공주는 여성스럽지는 않았는데 본인 스스로는 인지하지 못했고 그렇다 한들 개의치 않았다. 세계 왕족이 모두 모이는 연회에서 공주는 새삼 자신이 여자라는 사실을 깨달았다. 또래로 보이는데 인형같이 예쁘게 꾸민 다른 나라 공주를 보게 되었기 때문이다. 그 아가씨는 천방지축인 공주와는 달리 행동 하나하나에 품위가 있었고 연분홍색에 유리같이 매끄러운 피부를 가지고 있었다. 굳은살 박이고 상처 가득한 손이 아닌 깨끗하고 보들보들한 손에선 빛이 났다. 공주는 자연스럽게 자신을 돌아보았고 패배감을 느꼈다. 그 아가씨는 공주에게 관심을 보이지 않았다. 그 아가씨에겐 다른 나라에서 온 한 여성이 말을 걸고 있었고, 그녀 역시 지적인 외모를 지닌 미모의 여성이었다. 그런데 그녀의 말이 흥미로웠다. 자신이 생각해보지 못했던 도구와 건축물에 대해 이야기를 했다. 공주는 이해할 수 없는 부분이 많았지만, 시도해 보고 싶은 욕구에 사로잡혔다. 공주는 그녀에게 서로 연락하며 지내자 인사를 건네고 왕국으로 돌아왔다.

공주는 한적한 야외에서 그녀의 설계 비법을 탐구하던 중, 자신에게 없는 그녀의 아름다움에 대한 생각으로 빠져들다 결국 자신의 여성성에 대한 고민에 이르렀다. 그때 그곳을 지나는 상인을 만나게 되었다. 차갑고 소심한 이미지를 지닌 상인은 공주에게 무엇을 하는지 물었고, 자신도 모르게 당황하며 뜬금없이 설계의 문제점에 대해 말하고 말았다. 여성성에 대한 고민을 하고 있다고 말하는 건 왠지 쑥스러웠던 탓이었다. 남자는 친절하게 일부분을 수정해 주었고, 공주는 그 모습에 설렘을 잠깐 느꼈으나 두려움도 함께 느껴져 그 자리를 바로 피했다.

Princess of Wands의 #해시태그

#명랑소녀 #다재다능 #장인들의_비법 #말괄량이 #도구와_기술 #건축과_설계 #열정 #여성스러움

#대연회의_그녀 #비밀설계도 #차갑고_소심한_상인 #설렘과_두려움

"내가 세상에서
제일 예쁘지!"

Princess of Cups

컵의 공주는 매우 아름다웠다. 공주는 사교적인 성격을 넘어서 요염하기까지 했다. 어렸을 때부터 자신의 외모를 사람들이 좋아한다는 것을 눈치채고 자신이 유리한 상황으로 가는 요령을 익혔다. 그러나 아버지한테는 통하지 않았다. 미모를 활용해 감정의 우위를 점하는 기술은 타의 추종을 불허했다. 누구에게도 쓴소리를 들은 적이 없었다. '난 예쁘고 귀여워. 그리고 아름답기도 하지. 누구도 나를 함부로 대할 수 없어.' 이런 사고방식으로 지닌 채 점점 성장하게 되었다. 어머니는 사교 활동을 잘하지 못했지만. 공주는 매우 어렸을 때부터 시작했기에 권력의 중심으로 나아갈 수 있었다. 그녀는 '사교계의 작은 여왕'이라는 별칭까지 얻었다.

공주가 철이 들 무렵 남성들에게는 그가 원하는 것을 해주면 더 많은 것을 얻을 수 있다는 사실을 깨달았다. 수많은 남성에게 자신이 원하는 것을 얻어냈다. 이렇게 너무 빤한 연애 공식이 적용되는 귀족들 사이에서의 활동은 점점 지루해졌다. 공주는 가끔 변장하여 하층민이 사는 곳에서 자신의 사교성을 시험해보았다. 어느 날 허름한 차림의 모험가들이 마을을 찾았고 모험단장은 공주에게 반했다. 공주는 자신의 사교성을 발휘했지만 기대와는 달리 그 모험단장도 귀족이 지닌 빤한 반응을 보였고, 공주는 그에게서도 흥미를 잃었다 세계 왕족의 연회가 열렸다. 주변을 둘러보니 공주보다 예쁘고 잘 꾸민 여성이 없었다. 콧방귀를 끼며 승리의 기분을 만끽하던 중 창백한 외모의 단단한 성격으로 보이는 또래의 여성이 다가왔다. 표정의 변화가 크게 없지만 살기가 느껴졌다. 공주로서는 처음 느껴보는 부정적 감정이었다. '화가 난 걸까? 아니 왜 화가 난 거지? 나한테? 나한테 이런 느낌을 준다고?' 공주는 당황했다. 그렇게 다가온 여성은 공주에게 "내 자리니까 꺼져."라고 했고 공주는 그 자리에 굳어 버렸다. 처음 듣는 단어였다. 두 시간은 지난 것 같은데 그 여성은 자신의 앞에서 계속 자신을 노려보고 있었다. 공주는 두근거리는 가슴을 부여잡고 자리에서 일어나 조용히 연회장을 나갔다.

Princess of Cups의 #해시태그
#아름다운_컵의_공주 #사교성 #외모의_가치 #스스로의_사랑스러움 #엄격한_아버지 #사교계의_작은여왕 #이골_난_남성_다루기 #사교성 #모험단장도_별로 #자신을_무시하는_여성 #처음_겪은_모멸감

"힘세다고
무조건
이기는 건 아니지."

PAGE of SWORDS.

Princess of Swords

소드의 공주는 매우 꼼꼼하고 냉철했다. 여성으로 태어난 것이 불만이었고 남자와 같은 근육을 가지지 못함을 원망했다. 어렸을 때부터 항상 오빠한테 지기만 했기에 패배감이 깊었다. 굴욕적인 마음이 생겼고, 매번 지는 것도 자존심이 상했기에 어떻게든 이기려고 노력했다. 힘이 부족하면 속력으로, 능력이 달리면 요령으로, 권력이 부족하면 정보력으로 이기는 방법을 알아갔다. 그러기 위해 더욱 냉정하고 철저하게 분석하기 시작했다. 많은 사람들이 공주를 점점 더 두려워했고 결국엔 '악마 인형'이라는 별명도 생겼다.

역방향 이야기

공주가 철이 들 무렵에는 이기는 방법을 거의 대부분 깨달았다. 단 하나 부족한 것이 있었다. 재력을 가진 자를 이길 방도를 찾을 수 없었다. 졸부들은 다루기가 쉬웠다. 그런데 제대로 재력을 가

진 자들은 자신보다 계산 능력이 뛰어났고 조심성이 많아서 빈틈이 없었다. 정보에 따르면 펜타클의 공주가 본인 또래 중 가장 자신의 천적이 될 만한 존재였다. 세계 왕족 연회가 열리는 날 그 공주를 탐색해야겠다 생각했다. 펜타클 공주를 찾은 공주는 다가가 말을 건넸는데 자신의 뜻밖의 모습에 스스로 놀라고 말았다. 절대 누구한테든 먼저 지고 들어가지 않으며, 싸워보지 않으면 누가 이길지 모르기에 첫인상에 겁을 먹지 않는

데, 펜타클 공주에겐 굽신거리는 듯한 말투가 자연스럽게 나왔기 때문이다. 공주는 놀람과 동시에 굉장히 자존심이 상했다. 펜타클 공주는 힐끔 보더니 무시하고 다른 나라 공주와 열심히 대화를 했다. 생전 처음 무시까지 당했기에 공주의 표정에는 분노가 가득했다. 이때 어디선가 생선 비린내가 났고, 콧대를 세우고 있는 여자에게서 나는 것 같다고 꺼지라고 그녀에게 화풀이를 했다. 그녀는 물끄러미 쳐다보고는 아무렇지 않은 듯 자리를 떠났다. 공주는 그 때문에 더욱 화가 났으나 화가 난 자신의 모습이 한심스러워 마음을 진정시키고자 노력했다. 화가 난 모습을 보이는 것은 패배를 자인하는 것이었기 때문이다. 그런 와중에 이번엔 쥐 비린내가 나는 왕자가 공주에게 흠모를 품고 다가왔다 공주는 남자를 통해 정보를 얻을 수 있을 것 같아 살며시 웃으며 테라스로 안내했다.

Princess of Swords의 #해시태그
#꼼꼼하고_냉철 #남자를_부러워함 #오빠에게_패배감 #요령으로_이기는_법 #악마인형 #부자를_이기는_법 #경쟁자_펜타클의_공주 #처음_겪는_패배감 #생선비린내의_여자 #쥐비린내의_남자

> "내가 꿈꾸는 아이디어가
> 현실이 되었으면
> 좋겠어."

Princess of
Pentacles

**정방향
이야기**

펜타클의 공주는 매우 명석했다. 탁월한 계산 능력과 남다른 사업 수완을 가지고 있었고 폭넓은 상식을 섭렵해 논리적인 해결 능력을 보여주었다. 겁이 많기로 유명한 왕자에 비해 왕의 잠재력을 가진 공주라고 세간에선 평가했다. 부모님이 요구하고 바라는 것이 무엇인지 미리 눈치 채고 차후에 있을 문제에 대한 대비까지도 완벽하게 세워 사람들을 놀라게 했다. 세계 유일의 천재라고 불러도 무방할 정도의 지적 능력을 가졌다고 사람들은 생각했다.

**역방향
이야기**

본인은 이런 능력을 그다지 대단하다고 생각하지 않았다. 책상에 앉아서 숫자들이 움직이는 걸 보는 건 너무나 쉬운 일이었다. 이는 마치 세상을 한 장의 종이에 옮겨 놓은 것과 같았고 그 숫자를 움직이는 게 그저 단순한 목적을 취하기 위한 기계의 조종과 같았다. 공주는 직접 현실을 보고 싶었다. 실제로 돈이 움직이고 있는 현장을 보고 싶었다. 공주의 머릿속에는 자신만의 창의적인 아이템이 수천 개가 만들어지고 있었고 그것이 실재화하는 것을 보고 싶었다. 사람들 대부분은 그것은 현실과 동떨어진 것이라고 말하기 일쑤였기 때문에 더욱 그랬다. 공주의 아버지와 어머니는 많은 능력을 가진 공주가 외부에 알려지는 것을 극도로 꺼렸다. 그래서 공주는 궁중의 사람들, 그리고 다른 나라 왕족들만 보고 자랐다.

모든 왕가의 왕족이 모이는 연회가 컵에서 열렸다. 공주는 그곳에서 자신의 꿈을 이뤄줄 한 사람을 만났다. 공주는 그 사람과 서신을 주고받았다. 공주가 아이디어를 보내면 그 사람은 피드백을 해주었다.

한 번은 아이디어에 오류가 있다는 피드백을 받고 공주는 처음부터 아이디어와 계획서를 살폈다. 방안에 틀어박혀 있는 공주를 안타까워한 왕과 왕비는 지난번 연회에 참석하지 않았던 소드 왕자를 맞이하는 자리에 공주를 데리고 나갔다. 자기 자랑만 늘어놓는 소드 왕자를 본 공주는 보자마자 자신과는 어울리지 않는 사람임을 직감했다. 잠시 왕자의 이야기에 귀를 기울이다 그는 자신이 칭송을 가장한 비웃음을 당하고 있다는 사실을 모르고 있다고 생각했다. 참 멍청한 사람이라고 생각하다가 자신의 아이디어가 시대에 너무 앞선 게 아닌가 하는 생각에까지 이르렀고 지금껏 고민했던 여러 문제들을 해결할 실마리를 얻게 되었다. 공주는 고마운 마음에 왕자가 처한 상황을 조심스럽게 그러나 명쾌하게 설명해 주었다. 공주는 돌아오자마자 방으로 가서 피드백에 대한 답변이 담긴 편지를 쓰기 시작했다.

Princess of Pentacles의 #해시태그

#명석한_두뇌 #계산능력과_사업수완 #논리력 #완벽성 #세계_유일_천재 #세상으로_나가자 #연회에서_만난_은인과_서신교환 #시대를_앞서는_난제 #어리석은_소드의_왕자 #문제_해결

해시태그로 다시 되새겨보는
코트 카드(마이너 아르카나)

King of Wands의 #해시태그

#토지 #자원 #생산 #계급 #노동 #민주주의 #규율 #정책 #엄벌 #본보기 #사명감 #귀족가의_반란 #왕의_반격

King of Cups의 #해시태그

#예술 #사교 #광대 #타인의_감정 #따뜻함과_상냥함 #예술적_지식 #재치_있는_허세 #왕의_의무 #정치적_부담 #상반된_감정 #쾌락 #폭군

King of Swords의 #해시태그

#무술 #무력 #폭력 #권력에_대한_고민 #무고한_희생자 #후회 #검에_대한_두려움 #검의_사용 #갈등과_소심 #사실과_오해 #무력함 #반란의_조짐

King of Pentacles의 #해시태그

#이해타산 #거래 #비즈니스_능력 #돈의_힘 #돈이_되는_아이디어 #자존심도_버림 #영악한_센스 #투자를_위한_씀씀이 #돈이_이념 #강력한_돈의_유혹 #치부

Queen of Wands의 #해시태그

#노력의_대가 #귀족의_손해 #독선적이고_고지식한_왕 #여왕의_지혜 #중간_다리 #귀족층과_신뢰_구축 #스포츠 #사냥 #연회 #귀족_소통 #국민을_위한_정책 #반대세력_포용 #여장부 #변덕 #희망고문 #의도치_않은_거짓말 #경쟁의_장 #싸움터

Queen of Cups의 #해시태그

#사교계의-왕 #감정적인_왕 #고등교육 #귀족가의_딸 #수재 #여왕의_지혜 #교육과_예술 #하층민_우대 #묵묵하게_수행 #유흥의_나라 #교양 #고독 #조용한_성격 #배척당함 #스트레스_누적

Queen of Swords의 #해시태그

#승리 #왕의_타락 #승부욕 #주눅든_왕 #나약한_정치력 #사악한_귀족 #여왕의_정치력 #가혹한_법 #정치적_모략 #적들_처단 #감정_제어 #권력_장악 #남편에게_권력이양 #남편의_패배감 #권력_강화

Queen of Pentacles의 #해시태그

#재력 #비즈니스_수완 #사업과_회계 #현금의_흐름 #자신감과_여유 #계산_능력 #투자_조언 #자금_관리 #장점이자_단점 #모험을_주저함 #안전_관리 #품위_유지 #욕심 #야박함

Prince of Wands의 #해시태그

#왕위계승 #왕자 #우직한_남성 #역동적인_여성 #열의와_노력 #자부심 #모험가 #동료 #귀환 #펜타클_ 사람들 #자격지심 #패배감 #우울함 #구시대_교육 #하층민과_연애 #실연 #배신과_멸시 #불행한_귀환

Prince of Cups의 #해시태그

#사교적인_남성 #자상한_여성 #행복한_세상 #친절한_마음 #사교활동 #매너와_품격#인기절정의_매력 #대규모_연회 #수상한_남성 #남성의_거절 #수치와_모욕 #분노와_당혹 #처음_느끼는_여인에_대한_감정 #비밀_폭로 #스파이 #자괴감

Prince of Swords의 #해시태그

#무력의_남자 #논리력의_여자 #강한_아이 #오만함의_단검 #신뢰와_의심 #배려와_자제심 #자신감과_스 마트함 #컵의_인장이_찍힌_편지 #칭송과_오만 #펜타클의_공주 #오만을_꺾은_논리

Prince of Pentacles의 #해시태그

#사업가이자_도박사인_남자 #계산능력의_여자 #혼돈의_젊은시절 #실수에_대한_두려움 #무역상 #모험 단의_리더 #말조심 #괴물의_숲 #백마탄_기사 #복수 #건축가_소녀

Princess of Wands의 #해시태그

#명랑소녀 #다재다능 #장인들의_비법 #말괄량이 #도구와_기술 #건축과_설계 #열정 #여성스러움 #대연회의_그녀 #비밀설계도 #차갑고_소심한_상인 #설렘과_두려움

Princess of Cups의 #해시태그

#아름다운_컵의_공주 #사교성 #외모의_가치 #스스로의_사랑스러움 #엄격한_아버지 #사교계의_작은여왕 #이골_난_남성_다루기 #사교성 #모험단장도_별로 #자신을_무시하는_여성 #처음_겪은_모멸감

Princess of Swords의 #해시태그

#꼼꼼하고_냉철 #남자를_부러워함 #오빠에게_패배감 #요령으로_이기는_법 #악마인형 #부자를_이기는_법 #경쟁자_펜타클의_공주 #처음_겪는_패배감 #생선비린내의_여자 #쥐비린내의_남자

Princess of Pentacles의 #해시태그

#명석한_두뇌 #계산능력과_사업수완 #논리력 #완벽성 #세계_유일_천재 #세상으로_나가자 #연회에서_만난_은인과_서신교환 #시대를_앞서는_난제 #어리석은_소드의_왕자 #문제_해결

타로-매트릭스로 이해하는
코트 카드 심화 해석

1_테트락티스(Tetractys)의 이해

타로의 구조 안의 '4문자[Tetractys]'는 타로의 전부라고 해도 무방할 정도로 근간이 되고 뼈대가 되는 매우 중요한 개념이다. 사실 국내에서는 카발라에 대한 배척 심리가 여전히 자리하고 있어서 선호하지 않지만, 해외 타로 권위자들은 타로의 뿌리가 카발라라는 것에 거의 이견이 없다. 권위자들의 의견이 모두 옳다고 할 수는 없지만 논리적 고증 없이 그들의 주장에 대해 비판할 수도 없다.

4문자란 말하자면 '신의 이름'이다. 이를 테트라그람마톤(Tetragrammaton)이라 부른다. 거창해 보이지만 피상적으로만 접근한다면 이 이론은 쉽게 이해할 수 있다. 4문자는 '요드(Yod)', '헤(Heh)', '바브(Vav)', '헤(Heh)'라는 히브리어 알파벳 4개를 말하며, 인간의 대표적인 4가지 심리를 상징한다. 순서대로 의지, 감정, 이성, 인지를 일컫는다. 이는 또한 4원소의 불, 물, 공기, 땅(흙)과 같은 맥락을 가진다.

타로의 슈트는 바로 4문자를 상징하는 개념이다. 완드, 컵, 소드, 펜타클을 단순한 도식으로 조응하면, 4문자의 요드, 헤, 바브, 헤이며, 또한 4원소의 불, 물, 공기, 땅이다. 이는 각각 의지, 감정, 이성, 인지를 뜻한다.

4원소의 성질을 살펴보면, 물은 차고 습하지만, 불은 건조하고 뜨겁다. 공기는 습하고 뜨거우며, 땅(흙)은 건조하고 차다. 가장 가벼운 원소인 불은 가장 높은 곳을 차지할 것이고, 그 아래를 공기, 물, 땅(흙)이 차례로 자리한다.

4원소, 4문자, 슈트의 고유한 성격에 대해 이해를 높인다면, 코트 카드에 대한 직관력을 더욱 높일 수 있다.

2_4원소(불, 물, 공기, 땅)

#불 Fire

불은 어떤 물질을 태우는 데 존재 의의가 있다. 불은 뜨거움만 존재한다. 불의 존재가 없어지는 그 순간까지도 뜨겁고 없어지고 나서도 한참 동안 뜨거움이 남아 있다. 불은 에너지를 독단적으로 쏟아내어 주변의 온도를 자신의 것과 같이 만들려는 성질이 있다. 이런 독단적 성질은 자신뿐만 아니라 주변의 것들도 자신과 같이 건조하게 만든다. 4원소에서의 불은 '뜨겁고 건조함'이다.

#물 Water

물은 어떤 물질 온도를 공유하는 성질이 있다. 불 때문에 달궈진 물건은 물에 담가두면 온도가 자연스럽게 물에 흘러 들어가게 된다. 그렇다고 물이 온도를 강탈하진 않는다. 자신과 맞닿아 있는 물건 온도를 자신의 온도를 일정하게 평형을 이루게 하려는 성질을 가진다. 이는 중용, 중화, 조화의 개념이다. 물은 온도를 내리려는 성질을 가진다. 아주 높은 온도를 가진 물이어도 공기의 온도와 자신의 온도를 공유하며 점점 차갑게 식어가려는 변화적 성질을 가진다. 따라서 물은 차갑다. 불은 자신의 존재를 주변 물질의 희생을 통해 획득하지만 물은 주변 물질에 희생함으로써 자각한다. 주변의 것을 거절하고 자신을 만들어가는 건조함과 달리 물은 주변의 것을 받아들여 자신을 만들어가는 축축함을 가진다. 4원소에서의 물은 '차갑고 축축함'이다.

#공기 Air

공기는 주변의 온도를 매우 빠르게 받아들인다. 공기는 이미 널리 분포되어 있기 때문에 자신의 존재를 키울 필요가 없다. 대신 자신의 존재를 자각하기 위해서 다른 물질 온도를 빠르게 흡수하려는 성질을 가진다. 물은 온도를 공유하지만, 공기는 온도를 강탈한다. 뜨거운 물건에서는 뜨거운 온도를 강탈하고 차가운 물건에서도 뜨거운 온도를 강탈하여 더욱 차갑게 만든다. 그래서 공기는 뜨거운 기질을 가진다. 물은 축축하게 물건에 접촉하여 대상이 되는 물건 온도를 자신의 온도와 맞추지만, 공기는 아주 빠르게 스치듯 물건과 접촉하여 아주 빠르게 온도를 뺏는다. 물의 축축함과 공기의 축축함의 차이는 속도이다. 이 공기를 도둑과 같이 무시무시한 존재로 여기기도 하지만, 장난꾸러기 요정과 같이 자유분방한 존재로 여기기도 한다. 공기는 아주 빠른 속도이지만 물질세계에 풍부하게 존재하기 때문에 항상 접촉해 있는 듯한 착각을 하게 만들기에 축축함의 기질로 표현한다. 4원소에서의 공기는 '뜨겁고 축축함'이다.

땅은 주변의 온도를 받아들이는 작업이 매우 느리다. 그뿐만 아니라 온도를 주는 작업도 매우 느리다. 더군다나 스스로 온도를 올리려는 성질이 아닌 스스로 온도를 내리려는 성질을 가진다. 물의 차가움과는 차별화된 매우 차가운 성질을 가진다. 땅의 성질은 온도를 주고받는 부분에서는 느리지만 그만큼 안정적이다. 빠른 변화에 적응하진 못하지만 그만큼 자신도 변화하지 않기 때문에 누구나 안아줄 수 있는 포용력을 가진다. 다만 그 포용력은 땅이 주는 것이 아닌 다른 원소들이 각자 자신의 의지대로 땅에 안착하는 것이고 그것에 대해 거부 의사를 하기까지 시간이 너무 오래 걸리기 때문에 포용력을 가지는 것처럼 느껴지는 것이다. 땅은 타격을 입어도 충격이 크지 않다. 너무 커서 변화가 있어도 없는 것처럼 느껴진다. 땅 자신은 자신 이외의 것들을 멀리서 조용히 지켜본다. 소통도 없이 지켜만 본다. 자신 이외의 것은 거절하고 격리하는 모습을 취하는데 그 모습이 마치 자신감 넘쳐 보이기도 하고 오만해 보이기도 하지만 그렇게 격리하는 이유는 자신이 그 빠른 사태에 적응하기 어렵고 굳이 적응할 필요도 없다고 생각하기 때문이다. 땅은 건조한 성질을 가진다. 이 건조함은 불의 건조함과 다르다. 불의 건조함은 불이 다른 것을 건조하게 만든 것이고 땅의 건조함은 스스로 건조하게 된 것이다. 4원소에서의 땅은 '차갑고 건조함'이다.

3_4문자(요드, 헤, 바브, 헤)

인간 내면의 불인 요드(Yod)는 뜨겁다. 요드는 손을 다루는 능력을 말하며, 이는 신이 어떤 형태를 창조해 낼 때 나타나는 에너지를 의미한다. 따라서 요드는 '창조하다', '만든다', '제작하다'라는 의미가 있다. 인간은 모든 행동과 사상을 결정, 실행하기에 앞서 자신의 생득적 반응(生得的 反應)을 반드시 거친 후 이행한다. 이 반응은 매우 빠르므로 인간이 인지하기 어려운 속도로 진행된다. 마치 자동차의 엔진이 걸리며 열이 올라가기 시작하는 것과 비슷한 맥락이다. 자동차는 예열작용(豫熱作俑)을 통해 엔진에 가해지는 부담을 줄여준다. 이것과 마찬가지로 인간은 어떤 행동을 하기 전 본능적으로 자신에게 옳은가, 그른가, 이익인가, 해인가 등을 직관으로 판단한다. 요드는 작은 단위로 보면 이와 같은 본능적 행동을 의미하고 조금 더 확장하면 사상과 행동 결정과 같이 '의식'의 단계로도 표현되며 큰 의미로 보면 창조 욕구를 말한다. 어떤 세계관으로 보든 불(Fire)과 같이 온도가 올라가는 형태를 취하게 된다.

#헤(Heh, 물 : 감정)

물의 성질은 조화이다. 공유하고 회복시키는 것을 목적으로 한다. 인간 내면에서 몸 안에 흐르는 피나 감정의 흐름을 물로 표현한다. 플라톤은 물을 인간의 감정을 표현하기 위해 나타난 실존적 형태로 여겼다. 물에 해당하는 헤(Heh)는 '어루만진다', '손으로 만지다'라는 의미가 있다. 접촉하는 것을 의미하며 이 접촉은 요드와 같은 독단적인 형태가 아니다. 요드는 혼자서 행동한다. 요드 자신의 의지가 중요하기 때문이다. 이 요드는 헤로 가면서 생각만으로 만들던 창조물을 만들고 싶다는 욕구로 끌어올리고 실행에 옮기는 것을 말한다. 요드에 의해 만들어진 반응은 헤를 통해 대상을 찾고 2차원적 성질로 변하게 된다. 실존하는 물이 온도를 조절시키는 작용을 한다면 인간 내면의 물인 헤는 온도를 '공유하고 싶어 하는 욕구'를 말하며, 대중적인 모습으로 비치고 싶어 하는 사람의 모습, 자신이 사람들에게 섞이고 싶다는 욕구 등 '너'라는 존재와 섞이려는 인간 내면에서 올라오는 욕구에 해당한다. 이 욕구는 도덕과 윤리로 발전되며 종국엔 '사랑'이라는 형태로 만들어지게 된다.

#바브(Vav, 공기 : 이성)

공기는 자유롭다. 그러나 인간은 자유로운 존재가 아니다. 공기는 물에 제약을 안 받지만, 인간 내면의 공기인 바브(Vav)는 물 격인 헤(Heh)의 영향을 받기 때문이다. 행동에 제약을 받긴 하지만 진정한 행동의 결정권은 헤가 아닌 바브에 있다. 헤가 주는 제약은 도덕과 윤리이다. 자연스럽게 잡힌 이성은 제한된 행동반경 내에서는 공기와 같이 빠르고 자유롭게 움직인다. 공기는 자유를 의미하지만, 바브는 '움직이다', '이동하다', '연결하다', '실존하다'의 의미를 가지며, 인간 내면에서는 '호기심'으로 나타나는 경우가 많다. 바브는 공기와 같이 빠르게 온도를 공유한다. 이 공유는 인간이 오감을 통해 특정한 사물을 인지할 때 빠르게 그 사물과 자신을 공유하는 과정이며 이 모든 일련의 과정은 전부 바브와 같다.

#헤(Final Heh, 땅 : 인지, 현실, 기초)

인간 내면의 땅인 헤(Final Heh, 이하 f_Heh)는 거절과 격리의 에너지를 가진다. 차이가 있다면 땅 원소는 물질계에서 실제로 움직임이 적고 격리되어 있는 형태와 기질을 가지지만 4문자에서 헤(f_Heh)는 인간 내면의 땅으로써 자신의 사상을 '고정' 시켜두는 것을 말한다. 편견으로 오해가 될 수 있을 정도로 고집스러워 보이지만 지극히 객관적인 현실주의를 말한다. 현실의 땅과 이데아에서의 땅은 매우 가까이에 있다. 거울과 같다. 반대편에 있지만, 반대편에 있지 않다. 거꾸로 되어 있지만, 거꾸로 되어 있지 않다. 인간이 가장 자연과 일체가 쉽게 할 수 있는 형태는 이 헤에 도달했을 때이다. 어린아이의 형태와 같다. 어린아이는 있는 그대로의 상황과 현실을 받아들인다. 지성이 쌓여가며 인간은 실존 세계에서 멀어져간다. 온도 변화는 매우 느리다. 정말 땅과 같다. 지금 어떤 사물이나 현실을 보고 있다면 그것은 인간으로선 '당연한 사실'이다. 따라서 그 사실을 부정하기엔 너무 오랜 시간이 걸린다. 오히려 부정할 필요가 없다고 생각하는 회의주의적 행동을 보여주기도 한다.

4_슈트(완드, 컵, 소드, 펜타클)

#완드

완드는 불의 성질을 지니며 요드(Yod)에 해당한다. 내담자 중 완드를 뽑은 사람을 불같은 사람이라고 생각하기 쉬우나 그것보다 '요드 같은 사람'이라고 이해하는 것이 해석에 유용하다. 불은 앞서 말했듯 외부에서 발출되는 뜨겁고 건조하게 만드는 에너지이다. 인간 안에서는 이를 불이라 부르지 않고 '요드(Yod)'라고 부른다. 요드에 해당하는 인물은 대체로 진취적이며 자기 생각을 자유롭게 발설하는 경향이 있다. 무엇인가 만드는 데 탁월한 능력이 있는데 이를 좀 더 생각해보면 자신이 가진 아이디어에 대한 '신뢰'가 매우 높은 타입이라고 할 수 있다. 자신감이 넘치고, 진취적이며, 지도력 있다고 이야기할 수 있다.

#컵

컵은 물의 성질을 가지고 있으며, 헤(Heh)의 성질을 가진다. '헤 같은 사람'이라고 생각하며 이해해 보자. '헤'는 '어루만진다. 손으로 만든다. 접촉하여 이해한다.'라는 성향이 있다. 이를 개인의 성향으로 생각해 보면 '어루만지는 사람'이 되고, 이는 '타인을 용서하는 사람', '타인의 눈높이에서 공감하는 사람'으로 고찰할 수 있다. 물의 성질과 비슷한 헤는 인간의 내면에서 자신보다 타인의 내면을 보려는 성질이 우선되는 경향이 있다. '바람둥이 같은 사람', '유혹자'로 냉소적 해석이 되기도 한다.

#소드

소드는 공기의 성질을 가지고 있으며, 바브(Vav)에 해당한다. 공기의 성질은 매우 독특하다. 자유롭고 제약 없는 성질 때문에 개념이 없다는 오해를 받는다. 단편적인 부분만 보면 그렇다. 이는 요드와의 비교를 통해 자세히 이해할 수 있다. 바브와 같은 사람은 공기의 속성같이 자유로운 의지를 갖춘다. 그래서 움직이는 것을 좋아하고 빠르게 서로의 감정을 부딪치는 것을 좋아하는 성질을 가진다. 이런 성질만 봤을 때는 요드와 비슷하다. 요드와 바브의 차이점은 '절제'이다. 요드는 절제하지 못한다. 요드는 극히 1차원적인 행동 양식을 주안점으로 삼기 때문에 절제하지 않아도 상관없다고 여긴다. 그러나 바브는 외부와 소통하고 3차원적인 행동 양식을 미덕으로 삼기 때문에 자신이 어떻게 보일지도 가늠하여 자신을 단속하고 절제한다. 그래서 활동적이긴 하지만 냉소적인 모습도 보인다.

바브 성향의 단점은 너무 절제를 하다 보니 자신을 잃어버리는 경우가 있는데, 잃어버렸을 때 나타나는 현상이 바로 '허세'이다. 빠르게 상대방과 온도를 공유해서 실적을 내야 하는데 그것이 너무 자주 진행되거나 요령이 생겨버리면 '아 이렇게 하면 되겠구나!'라고 학습이 된다. 그것의 폐해가 '거짓말 아닌 거짓말'이고 이는 허세와 허풍으로 발전한다. 또한 자신의 잘못을 자기만 정당화시켰다는 그것마저도 스스로 깨닫는다. 자기합리화에 능한 것이다. 웬만해선 자신의 것을 보여주려고 하지 않는 성질도 있다.

#펜타클

펜타클을 땅의 성질과 헤(f_Heh)의 성질을 가진다. 땅은 매우 냉소적이다. 이 냉소적인 패턴은 바브의 냉소와 다르다. 바브는 자신의 상승에너지를 절제하면서 시야가 매우 넓어지는 타입이어서 타인의 장단점을 파악한 뒤 냉소적인 면을 보여주는 데 반해 헤(f_Heh)는 기본적으로 시야가 넓다. 바브와 같이 절제를 하지 않아도 이미 넓어져 있다. 시야가 넓으므로 자잘한 것에 관심을 가지지 않아서 생기는 냉소적 성향이다. 헤(Heh)의 성격과 아주 상반적일 수 있다. 헤(Heh)는 무한한 사랑을 가져야 가능하다. 여기서 무한한 사랑이란 자신을 버리고 상대방에게 모든 것을 던지는 사랑이다. 헤(f_Heh)의 입장에서는 이것이 절대 이해가 가지 않는다.

* 이 내용은 『타로카드 매트릭스』(장재웅, 2019년)를 참고하였습니다.

PART 03

Minor Arcana

마이너
아르카나

핍 카드

핍 카드(Pip Card in Minor Arcana)

핍 카드는 4개의 슈트(Suit)와 10개 숫자의 조합으로 구성된 40장의 마이너 아르카나 카드로 수비학과 4원소를 뚜렷하게 나타내고 있다.

웨이트 카드의 경우, 완드(Wands), 컵(Cups), 소드(Swords), 펜타클(Pentacle)을 사용하는데 각각에는 '자부심과 의지', '감정', '이성과 승리', '이익'의 의미를 내포한다. 이는 매우 전통적이며 올바른 접근이고 설명이다. 40은 만물의 안정을 나타내는 숫자이며, 자연의 이치를 표현한다. 핍 카드 해석도 코트와 마찬가지로 자연적인 현상을 확인하는 것을 우선시한다.

40이라는 숫자에는 특별한 의미들이 숨어 있다.

4×10으로 초월한 자연을 의미하며 우리가 얕은 시야로 보고 있는 세상을 포괄적으로 전달하겠다는 의미를 지닌다. 2×20으로 자연의 생태계를 보여주고 있으며, 5×8로 자연의 구성물질 상호작용을 보여주기도 한다.

5×8의 경우는 동양에선 음양오행을 말하고 서양에선 5×(7+1)로 7행성의 상호작용과 성향을 말해주기도 한다. 7+1이라는 수식은 신비주의 철학에서 많이 사용하는 수식이다. 특히 메이저 아르카나의 구조를 삼각형 7개로 나누어 세피로트에 조응한 뒤 그것을 기본원형으로 하는 이론에 사용되는 것이 대표적이다.

1

시작의 숫자 1은 신의 숫자이다. 모든 것의 근본에 닿아 있고, 기본 원리를 담고 있다.

살기 위해 환경을 개척하고, 살기 위해 타인과 감정을 공유하고, 살기 위해 승리를 쟁취하려 하고, 살기 위해 자신이 가진 것을 이용한다. 우리가 살아온 시간을 거슬러 최초의 시기를 떠올려 보면 그것은 참 순수하고 깨끗했을 것이다. 1은 우리가 인지하기 전의 순수했던 것들을 일깨워주고, 그것에서 파생한 삶의 지혜가 인생의 길을 안내한다.

완드는 불의 속성으로 자신의 자부심을 우선시한다. 완드 1의 시작은 자부심이 발생한 시점을 말하며 그저 인간답게 살기 위해 준비하고 개선해가던 순수했던 열정이 자부심이 된 것이다.

컵은 물의 속성으로 감정을 우선시한다. 컵 1의 시작은 감정이 발생한 시점을 말하며 순수하게 서로 불안한 상황을 이겨내고자 의지하고 위안했던 것이 감정이 된 것이다.

소드는 공기의 속성으로 자신의 승리를 우선시한다. 소드 1의 시작은 승리가 발생한 시점을 말하며 승리를 추구하면서 계급이 생기고 서로가 가진 것을 명확하게 보여줌으로써 열등감과 자존심, 피해의식이 발생하게 된 것이다.

펜타클은 땅의 속성으로 이익을 우선시한다. 펜타클 1의 시작은 이익이 발생한 시점을 말하며 서로 필요한 자원을 주고받는 과정에서 더 필요한 사람과 덜 필요한 사람이 구분됨으로써 이익이 생기게 된 것이다.

1

"우린 스스로
이겨낼 수 있어."

Ace of Wands

정방향 이야기

인간은 항상 신들의 보호를 받아왔다. 어느 날 과잉보호가 문제가 될 수 있음을 깨달은 신들은 인간을 점점 멀리하고 신들의 보호를 잃은 인간은 당황했다. 스스로 이 세계를 살아가겠다고 마음먹은 인간은 신의 교육을 기억해내고 식량과 옷, 집을 구하기 위해 토지를 개간하고 직물을 짰으며, 건물을 짓기 시작했다. 어느 정도 시행착오가 있었으나 조금씩 자신의 창작물을 완성해 나갔고 자신들을 버린 신을 증오했던 이들도 오히려 이것이 새로운 기회라고 생각하며 운명을 받아들였다.

역방향 이야기

힘을 모아 세상을 개척해가던 인간들이 언젠가부터 서로 의식하며 경쟁을 하기 시작했다. 다른 사람보다 좀 더 인정받길 바라는 순수한 경쟁이 시기와 질투로 변질하고 점차 다툼으로 퍼져나갔다. 인간이 신을 벗어나 독립심을 가지고 자립하고 자신들의 창조물에 자부심을 가지게 된 것은 좋았지만, 이익 없는 싸움을 하게 된 것은 불행한 일이었다.

이러한 선순환과 악순환을 조율하며 올바른 경쟁심을 가지고 성공을 추구하는 사람들의 역량을 온전히 발휘할 수 있는 국가, '완드'가 세워진다.

Ace of Wands의 #해시태그

#신들의_보호 #과잉_보호 #신들이_떠남 #자립 #시행착오 #창조 #새로운_기회 #경쟁_의식 #질투와_다툼 #자부심과_싸움 #경쟁심과_성공

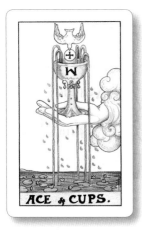

"의지하고 위안이 될
사람이 필요해!"

1

Ace of
Cups

**정방향
이야기**

신들을 맹목적으로 따르고 사랑했던 인간은 신들이 떠나고 자신의 삶을 개척하면서 신을 그리워했다. 신들은 자신만을 숭배하길 바라지 않았고 오히려 신만을 바라봤기에 인간이 무지를 벗어날 수 없었음을 깨닫게 해주었다. 인간은 신들에 대한 맹목적 사랑을 함께하는 동족에게 주게 된다. 어쩌면 사랑해야 할 존재가 사라진 것에 대한 불안감일지도 몰랐지만 이들은 서로에게 의지하고 위안하는 방법을 터득해갔다. 처음엔 서로를 의지하고 위안했던 감정이 동정, 애정, 질투, 집착 등의 새로운 감정을 만들어내면서 생소한 감정들을 서로 공유하며 감정에 대한 이해를 시작했다.

**역방향
이야기**

이러한 감정 공유가 점점 발전하면서 각자의 개성을 만들어내고 각자의 가치관과 생각을 만들어냈다. 문제는 서로 생각이 같은 경우는 아무 탈이 없었으나, 서로 생각이 다른 경우에는 자신에겐 애정이지만 상대방에겐 상처가 되는 경우가 발생했다. 그래서 순수한 의미였던 사랑이라는 단어에서 변질한 단어인 짝사랑, 배신, 불륜 등의 감정이 생기기 시작했다. 인간은 이것이 자신을 고통스럽게 만든다는 사실을 알기에 이를 달래주고 교육할 수 있는 새로운 방법들을 찾게 된다.

이러한 선순환과 악순환을 조율하며 다양한 감정을 받아들이고 이를 올바르게 사용하는 사람들이 각자의 감정과 생각을 공유할 수 있는 문화를 가진 국가, '컵'이 세워진다.

Ace of Cups의 #해시태그

#신을_그리워함 #신에_대한_사랑을_동료_인간에게로 #감정의_발생 #의지와_위안 #애정과_사랑

#감정의_이해 #가치관의_차이 #사랑과_짝사랑 #배반과_불륜 #악감정의_발생 #고통과_교육

1

"승리가 아니면
죽음뿐."

Ace of Swords

**정방향
이야기**

신들로부터 배운 기술로 삶을 발전시키고 신들에게 주던 사랑을 서로 나누기 시작하면서 인간 사회엔 변화가 생기기 시작했다. 뛰어난 기술을 가진 사람, 사랑을 많이 받는 사람에게 관심과 힘이 쏠렸고, 상대적으로 기술이 모자란 사람, 사랑을 받지 못한 사람들은 소외되었다. 이는 계급의 발생으로 이어졌다. 인간은 완벽히 신들로부터 독립했고 나아가 스스로 신이 될 수 있다고 믿기 시작했다. 높은 위치에 있는 자는 낮은 위치에 있는 자를 거느리고 낮은 위치에 있는 자는 높은 위치로 올라가려 애를 쓰게 되었다. 서로가 상대의 영역을 정복하려 하고 그것이 성공하면 승리라 불렀다.

**역방향
이야기**

인간에게 계급에 대한 사고방식이 생기고 정착되면서 점점 서로를 냉정하게 계산하기 시작했고 지위에 따른 달콤한 힘을 탐하기 시작했다. 승리를 했을 때 발생하는 아드레날린에 중독되기 시작했고 수단과 방법을 가리지 않고 승리만을 목적으로 하게 되었다. 점점 인간은 폭력적으로 변했고 이런 폭력이 자신들에게 좋지 못하다 판단한 인간은 최소한의 규칙을 세웠다. 규칙을 동의하는 자와 동의하지 않는 자로 나뉘어 또 다른 폭력이 발생하기도 했다.

이러한 선순환과 악순환을 조율하며 승리만을 생각하고 그로 인해 생기는 계급의 중요성을 알고 있는 사람들을 위한 무력으로 강력한 세력을 형성한 국가, '소드'가 세워진다.

Ace of Swords의 #해시태그

#계급의_탄생 #싸움 #약육강식 #완벽한_독립 #신의_위치 #승리 #갈등과_폭력 #계산 #지위에_
따른_힘 #중독 #승리가_목적 #폭력 #규칙 #승리와_계급

"자원이 필요하면
돈을 가져오게."

Ace of
Pentacles

1

**정방향
이야기**

인간은 승리에 취해 서로의 영역을 침범하고 착취를 반복하였으며, 점차 그 규모는 커져갔다. 싸움의 규모가 커지자 희생도 커졌고 이런 일이 반복되다 보니 인적 물적 자원이 고갈되기 시작했다. 전쟁에서 이기면 많은 자원을 취할 수 있었지만 지게 되면 많은 자원을 잃었다. 자원은 가치가 높아졌고 폭력만으로 자원을 뺏을 수 없도록 규칙이 생겼고, 자원 이동을 쉽게 하기 위해 거래를 시작하게 되었다. 자원 거래가 점차 성행하자 폭력이 자원을 이길 수 없음을 깨닫게 되었다. 점차 전쟁이 줄어들고 자원의 시대가 열렸다.

**역방향
이야기**

자원이 모든 것을 결정하는 시대가 되자 사람들은 능력과 사랑, 권력뿐만 아니라 재력도 힘으로 평가하기 시작했다. 이 때문에 능력을 가진 자는 자원을 생산하는 데 힘을 쓰고 사랑을 받는 자는 자원을 아끼고 권력을 가진 자는 자원을 지키기 시작했다. 자원이 우선하는 사회가 되었기 때문에 자원을 가진 자와 못가진 자로 나뉘고, 편견과 차별이 본격화하였다.

이러한 선순환과 악순환을 조율하며 수많은 자원과 그 자원을 사용한 이익을 추구하고 이익 실현을 위한 규칙을 연구하여 남들보다 더 가진 사람을 목적으로 하는 사람들을 위한 국가, '펜타클'이 세워진다.

Ace of Pentacles의 #해시태그
#쟁취와_착취 #싸움의_규모 #자원_고갈 #전쟁과_자원 #자원배분의_규칙 #자원의_거래 #자원의_시대 #자원중심의_사회 #편견과_차별

2

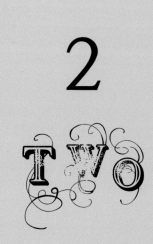

이원성을 나타내는 2는 대립과 갈림길의 숫자이다. 서로 다른 생각 또는 감정, 목적, 가치관이 충돌하거나 엮이는 것을 나타낸다.

더욱 발전하기 위해 더 넓은 땅과 안정된 정치에서 고민하고, 감정을 못 이기고 사랑을 선택하고 이별을 선택하며, 질서를 잡기 위해 옳고 그름을 따지고, 이익을 위해 맞는지 틀리는지를 계산한다. 태초에 시작된 우리 몸과 마음속에서 일어나는 일련의 사건들은 미숙한 상태에서 성장하려고 발버둥 친다.

완드는 불의 속성으로 자신의 자부심을 우선시한다. 완드 2의 대립은 자부심에서 파생된 고민에서 비롯했으며, 자신의 자부심을 위해 어떤 결정을 해야 할지 갈등하는 것이다.

컵은 물의 속성으로 감정을 우선시한다. 컵 2의 대립은 감정을 어떻게 판단해야 할지 고민하는 것이며, 순수한 감정의 시작으로부터 파생된 사건을 어떻게 해결해야 할지 배우는 것이다.

소드는 공기의 속성으로 자신의 승리를 우선시한다. 소드 2의 대립은 승리를 위해 무엇을 택할지 고민하는 것이다. 승리한 사람은 발언권이 생기며 패배한 사람은 발언권을 잃는다. 승리한 사람은 신뢰를 얻으며 패배한 사람은 신뢰를 잃는다는 것을 말한다.

펜타클은 땅의 속성으로 이익을 우선시한다. 펜타클 2의 대립은 이익을 위한 양면성을 말하며 보이는 것과 보이지 않는 것, 해야 할 것과 하지 말아야 할 것, 줘야 할 것과 주지 말아야 할 것 등의 양면적인 알고리즘을 동시에 컨트롤해야 이익이 발생함을 암시한다.

2

"여기서 만족하면
안 되는데."

Two of Wands

정방향 이야기

넓은 영역을 자신의 국가로 만든 왕이 있었다. 마음이 맞는 사람들과 집단을 구성하고 그 집단이 살아가기 좋은 영역을 확보하며 문화를 만들어가느라 바쁜 나날을 보냈다. 더 좋은 국가를 만들기 위한 부담감으로 더욱 열심히 노력했다. 그에게는 이런 일련의 과정은 즐거움이었다. 그의 노력으로 강성 국가로서의 위세를 떨치고 문화도 융성하여 안정된 나라가 되었고, 왕은 비로소 한가함을 느끼게 되었다.

역방향 이야기

왕은 사실 지금의 발전에 만족하지 못했다. 더욱 넓은 영토와 더욱 많은 사람들이 좀 더 좋은 환경에서 지낼 수 있도록 하고 싶었다. 그러나 오래전부터 자신과 함께해 온 동료들은 발전하기보다 지금까지 이룩한 성과를 누리고 만족하려 했다. 왕은 자신의 고풍스러운 성에서 가만히 앉아 있는 것이 만족스럽지 않았고 더 넓은 세상으로 나아가고 싶다는 열망을 키웠다. 그러나 이는 자신의 의지로만 이룰 수 없는, 그리고 혼자 힘으로 해낼 수 없는 일임을 알고 그저 세상을 바라만 보았다.

Two of Wands의 #해시태그
#영토 #집단과_동료 #문화와_영광 #일하는_즐거움 #강성_국가 #문화_융성 #불만족 #동료들의_안일함 #혼자서는_힘듦

"서로 사랑하니까
결혼 할 수 있을 거야."

Two of Cups

**정방향
이야기**

파티에서 한 남녀가 우연히 만나 잠깐 대화를 나누었는데, 서로 비슷한 점이 많았다. 폭넓은 공감대를 통해 서로에 대한 깊은 감정을 느끼게 되었다. 남자는 정열적이고 뜨겁게 감정을 던졌고 여자는 도도하고 수줍게 그 감정을 받았다. 남녀는 짧은 시간 안에 자신들의 감정을 주고받았고, 찰나였지만 평생의 확신을 가질 만큼 강렬한 감정이었기에 그 순간을 고정하고자 만난 지 2시간 만에 약혼을 결정했다.

**역방향
이야기**

약혼 한 달 뒤, 지금까지 싸운 적 없는 남녀는 사소한 문제로 다투게 되었다. 여자가 바람피우는 것으로 오해한 남자와 남자가 무신경하다고 오해한 여자는 서로에 대한 불만이 쌓였던 것이다. 단순 교제가 아닌 약혼 상태라 두 사람만의 일이 아니라 가족까지도 연관된 일이었기에 사소한 다툼이 큰 다툼으로 이어지게 되었다. 서로의 감정은 확실히 공감했지만 좀 더 많은 현실을 받아들일 준비가 안 된 커플은 결국 파혼을 하고 이별하게 되었다.

Two of Cups의 #해시태그

#잠깐의_대화 #깊은_공감대 #감정의_확고함 #약혼 #사소한_오해 #갈등과_다툼 #집안_문제로_
비화 #파혼 #이별

2

"눈 가리고 입 닫고
마음 닫으면 돼."

Two of Swords

**정방향
이야기**

인간의 곁에 마지막까지 남은 여신은 끝까지 인간을 사랑했다. 교육을 통해 사람들이 서로를 신뢰할 수 있으며 좋은 방향으로 변할 수 있다고 믿었다. 여신은 소드에 머물렀다. 소드는 다른 나라에 비해 폐쇄적이었으며, 무력 행사에 내성이 약했기에 소드에서 무력 분쟁이 발생하면 큰 불화가 닥칠 것을 우려했던 것이다. 여신은 신으로서의 권능은 거의 사라졌지만, 교육관은 뚜렷했다. 잘못에 대해서는 냉철하게 판단하고 과오를 고쳐주려고 했다. 세상에 균형을 가져다주려는 여신의 노력은 헌신적이었다.

**역방향
이야기**

소드 국민들은 승리만을 추구했다. 여신은 승리감은 열등감에서 비롯했음을 알려주고 생각을 고치라고 조언했다. 다독이며 말을 했지만 소드 국민은 도리어 그 말에 상처를 받았다. 여신은 옳은 말과 선의를 행했으나 외딴 섬으로 쫓겨나 억압된 생활을 하게 되었다. 마지막까지 인간을 사랑했던 여신은 결국 인간을 향한 눈을 가리고 마음을 닫고 입을 닫았다.

Two of Swords의 #해시태그

#마지막_여신 #폐쇄적인_소드 #무력분쟁에_취약 #교육 #교육관 #냉철한_판단 #승리_추구 #여신의_조언 #승리감은_열등감에서_비롯 #섬으로_유배 #인간에_대한_믿음을_놓음

"위험할수록
고수익이지!"

Two of Pentacles

나라와 나라를 오가며 무역을 하는 한 남자가 있었다. 남자는 수완이 뛰어나 많은 돈을 벌었다. 그러나 일반적인 상식을 벗어난 투자를 하거나 엉뚱한 일을 저질러 일을 어렵게 한다는 단점이 있었다. 하지만 이런 단점을 항상 긍정적으로 대처해 어떤 어려움이 있어도 능수능란하게 처리했다.

남자는 꽤 큰 돈을 가졌지만 이 돈은 사실 눈으로 보이는 돈이 아니었다. 도박과 같은 위험을 가진 투자로 무역을 하기 때문에 한번 미끄러지면 크게 망하는 사업을 하고 있었다. 위험한 줄타기를 마치 위험한 놀이기구를 타듯 스릴을 즐기는 듯한 그의 태도는 겉보기엔 매우 위험해 보였다.

Two of Pentacles의 #해시태그

#무역상 #무역수완 #큰부자 #상식밖의_투자 #엉뚱한_일처리 #긍정적_대처 #능수능란한_처리

#도박_같은_투자 #위험한_줄타기 #고수익

3

THREE

완성을 의미하는 3은 형성의 숫자다. 2에서 대립한 결과가 완성에 이르는 숫자로, 숫자 중 최초로 안정감을 가지게 되고 완성이 되는 숫자다.

목적을 위해 힘들어도 포기하지 않고 도달하며, 관계를 위해 서로의 성격을 이해할 수 없어도 공감하려고 노력하며, 승리에 취해 패배를 잊고 완전히 분산되며, 이익에 취해 더욱 욕심내다가 불평을 듣는다. 형성의 숫자는 그 자체로 완성을 의미하지만 인간은 완성에서 멈추지 않는다. 시간에 구속되어 있기 때문에 더욱 앞서가려다 보니 욕심이 발생한다.

완드는 불의 속성으로 자신의 자부심을 우선시한다. 완드 3의 완성은 자부심이 완성된 시점을 말하며 최초 목적했던 부분은 달성했음을 말한다. 그러나 달성한 목표보다 더 큰 목표를 발견하게 된다.

컵은 물의 속성으로 감정을 우선시한다. 컵 3의 완성은 감정이 완성된 시점을 말하며 서로 다른 성격과 생각을 가진 사람들의 감정이 완벽하진 않지만 서로 공감할 수 있는 길이 생겼음을 암시한다. 그러나 이 공감선은 마약 같은 쾌감을 주기에 이미 완성된 공감선을 확장하려다 다른 공감을 놓치게 될 수도 있다.

소드는 공기의 속성으로 자신의 승리를 우선시한다. 소드 3의 완성은 승리가 완성된 시점을 말하며 승리가 완성되었다 함은 패배 역시 완성된 것을 말하므로 승리와 패배가 확연히 구별되었음을 암시한다. 확고한 승패는 한쪽에 열등감을 주며, 패배를 인정하지 못하게 만든다.

펜타클은 땅의 속성으로 이익을 우선시한다. 펜타클 3의 완성은 이익이 완성된 시점을 말하며 자신이 이익을 얻을 수 있는 수준에 도달했고 그것을 인정하는 사람이 존재한다는 것을 암시한다. 그러나 이 수준은 완성된 것이지 완벽한 것이 아니므로 더 큰 이익을 얻으려고 욕심을 내는데 도리어 손해를 발생시킬 수 있다.

3

"저 거대한 물은 뭐야?
여기가 끝이 아니었어."

Three of Wands

**정방향
이야기**

완드 세 개를 땅에 꽂아두고 석양이 지는 바다를 보고 있는 남자는 호기심 많은 모험가였다. 드넓은 땅의 끝은 어디인지 항상 궁금해하고 모험을 꿈꿔 왔다. 나이가 들고 재력과 여유가 생기자 마음이 맞는 사람과 합심하여 대륙의 끝을 찾으러 모험을 떠났다. 남자는 모험 도중 만나는 사람들과 마을을 보며 많이 놀랐다. 나라가 있는지도 모르는 마을, 생전 처음 보는 물건과 먹거리가 있는 마을 등 다양한 사람들의 삶을 보며 많은 것을 깨달았다.

**역방향
이야기**

땅끝에 도달한 남자는 지금까지 가졌던 희망과 꿈 그리고 성공과 만족이 거품처럼 사라졌다. 최초로 당도한 땅끝이라 생각했지만 처음 보는 거대한 물과 그 물 위를 떠다니는 구조물을 보았다. 그리고 그 구조물엔 분명 사람들이 있었다. 지금까지 여정이 매우 힘들었기에 끝이길 바랐지만 그렇지 않았다. 무엇보다 이 거대한 물의 세상에서 능숙하게 살아가는 사람들을 보며 지금까지 경험했던 새로운 것들조차 매우 하찮아 보였다. 결국 남자는 자존감을 상실했다.

Three of Wands의 #해시태그

#석양의_바다 #호기심 #모험가 #땅끝 #대륙모험 #새로운_경험 #다양한_삶 #희망의_물거품 #거대한_물세상 #물_위의_구조물 #물세상의_사람들 #위압감 #자존감_상실

"너무너무 즐거우니까
더 마셔! 마시고 죽는 거야!"

Three of Cups

정방향 이야기

컵을 들고 기뻐하는 듯 교류하고 있는 세 명의 여자가 있다. 이들은 서로 굉장히 친한 친구들이었다. 서로 간의 오해와 질투 시기가 있어서 감정의 골이 깊었지만 서로의 다른 성격과 이해를 공유함으로써 상대방에 대해 공감함을 이루었다. 이날의 파티는 화해를 기념하는 자리였다. 서로의 생각이 공유되어 더욱더 서로를 신뢰할 수 있게 되었다.

역방향 이야기

서로 소통되는 것이 갑자기 많아지자 이 세 명은 기분이 너무 좋았다. 밤새 술을 마셨는데 너무 들뜬 마음에 자신을 이길 수 없을 정도로 술이 들어갔다. 다음날 일을 하는 사람, 집에서 걱정하고 있는 사람, 약속이 있는 사람 등 책임져야 할 일을 잊고 당장의 즐거움에 취하게 되었던 것이다. 다음날 당연하게 이들은 각자가 책임져야 할 일을 하지 못했고 서로에 대한 오해는 풀었지만 다른 오해를 다시 만들어내고 말았다.

Three of Cups의 #해시태그

#오해가_있던_친한_친구들 #다름에_대한_이해 #공감의_폭_확장 #화해의_파티 #깊어진_신뢰
#과음 #의무의_망각 #다른_오해의_발생

3

"더 이상
견디기 너무 힘들어."

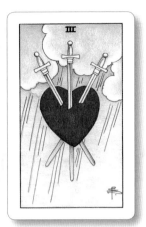

Three of Swords

**정방향
이야기**

질서가 잡히지 않는 소드는 점점 더 파국으로 치달았다. 붉은 심장에 세 개의 검이 꽂혀 있는 이 그림은 질서가 사라진 소드의 실태를 보여준다. 소드 국민의 마음속에는 오해(왼쪽 검), 질투와 불안감(오른쪽 검), 패배자의 인내(가운데 검)가 점점 쌓여만 갔다. 냉정하고 무질서한 사회는 날이 갈수록 국민들의 마음을 옥죄었다. 이미 승자와 패자의 계급은 매우 격자가 커졌고 사람들은 저마다 신뢰를 잃고 각자의 공간에서 자신만의 안전만을 챙길 수밖에 없었다.

**역방향
이야기**

무질서 탓에 살기 어려운 나라가 된 소드 국민들은 다른 나라로 탈출을 시도했고, 소드의 권력자들은 이런 사람들을 처단했다. 나라의 정보가 새어 나가지 못하게 입막음했던 것이다. 이런 상황이 반복되자 다른 이웃 나라와 불화가 생겼고, 극렬한 폭력이 동반된 전쟁의 조짐이 보이기 시작했다.

Three of Swords의 #해시태그
#무질서 #파국 #오해 #질투 #불안감 #패배자의_인내 #계급_격차 #각자도생 #불신 #탈출 #정보보호 #국경선 #분쟁 #전쟁의_조짐

"아~거참, 티도 별로 안 나는데."
"설계도대로 해. 아니면 국물도 없어."

Three of Pentacles

유명한 조각가가 있었다. 어느 날 꽤 큰 보수가 주어지는 성당 건축 의뢰가 들어왔다. 떠난 신을 기리는 종교 단체는 그 행위와 정신만으로도 어떤 나라에서든 권력자고 귀족이었다. 이 의뢰를 거절하는 것은 비즈니스와 정치적으로 있을 수 없는 일이었다. 더욱이 조각가 자신의 명성을 위해서라도 반드시 해야 하는 일이었다. 조각가는 평소에는 보이지 않았던 열의를 가지고 꽤 열심히 건축에 임했다. 더욱 유명해지고 큰돈을 버는 것은 시간문제였다.

이미 설계도를 받고 상의 후에 일을 진행했지만 건축가는 욕심이 났다. 이 정도 큰 사업에 노동의 대가만 받는 것은 조금 억울하다는 생각이 들었다. 그래서 설계도와 다른 위치에 작게나마 자신의 시그니처를 남겼다. 거의 완성될 무렵 성직자들이 찾아와 그 미세한 차이를 알아채고 조각가에게 설계도와 다르면 안 된다고 따졌다. 이렇게 하면 보수를 줄 수 없다고 말했다. 조각가는 이 정도는 괜찮다고 얼버무리려 했지만 성직자들은 완강하게 다시 할 것을 요구했다.

Three of Pentacles의 #해시태그
#조각가 #성당건축 #종교단체 #최고_권력자 #명성 #열의 #욕심 #시그니처 #설계도처럼 #완강한_거부

4

4는 사용됨, 깨달음의 숫자이다. 형성된 결과물이 직접적으로 사용되는 숫자로 1차 성숙 또는 과욕의 단계를 나타낸다.

지금까지 얻은 경험과 열정을 조절하여 일과 휴식을 병행하는 방법을 터득하고, 지금까지 대인관계에서 실패했던 경험을 통해 자신을 돌아보고, 지금까지 기본 없이 승리만을 위해 달려왔음을 깨닫게 되며, 지금까지 전략 없이 이익만을 챙겨 온 것이 잘못됨을 깨닫는다. 깨달음의 숫자는 이미 안정되었을 특별한 방법이나 개념들이 좀 더 많은 경험으로 깨지고 재정비됨을 말한다.

완드는 불의 속성으로 자신의 자부심을 우선시한다. 완드 4의 깨달음은 자부심을 자신만 가지고 있으면 안 되며 자부심 때문에 자신을 혹사하지 말고 타인과 즐기며 휴식하는 시간도 있어야 함을 깨닫는 것이다. 그러나 여전히 자신만의 삶을 중요시하고 타인과의 삶에서 경쟁을 내려놓지 못하고, 타인을 위한 책임감에 대한 두려움도 공존한다.

컵은 물의 속성으로 감정을 우선시한다. 컵 4의 깨달음은 자신만의 방법은 타인에게 항상 공감되는 것은 아니라는 것이며, 그것에 실망하고 주눅들 것을 암시한다. 그러나 이런 실망과 좌절이 타인을 바라보는 방법을 알려주며 또 다른 방법을 시도하라는 독려의 의미를 전한다.

소드는 공기의 속성으로 자신의 승리를 우선시한다. 소드 4의 깨달음은 승리에 필요한 것이 폭력만이 아니며, 지금까지의 방법에서 벗어난 전혀 다른 방식의 싸움 방법을 깨달아야 함을 암시한다.

펜타클은 땅의 속성으로 이익을 우선시한다. 펜타클 4의 깨달음은 자신만의 이익을 우선시하는 것에 대한 경고이며, 눈앞의 이익만 보는 좁은 시야에 대한 경고이다. 넓게 보는 법을 깨달아야 한다는 것을 암시한다.

4

"신랑과 신부가 나오면
드디어 파티 시작!"

Four of Wands

정방향 이야기

완드를 기둥으로 넝쿨과 과일로 만든 캐노피 뒤로 사람들이 꽃을 들고 성 앞에서 환호하고 있었다. 결혼식 준비가 마무리 과정에 들어섰다. 들러리들은 설렜고 방문객들도 떠들썩했다. 결혼식 때는 일하지 않았다. 지금까지 자신들이 땀으로 만든 수확물이나 직물을 선물로 주고 나눠 먹고 즐기는 큰 잔치였다. 이날은 서로 경쟁하지 않고 평화로우며 서로 모여 즐거운 마음으로 각자 가진 팁이나 이야기를 풀어놓았다. 드디어 모든 준비를 마쳤다. 신랑과 신부가 캐노피 아래에서 서로에게 안전과 보호의 의무를 서약하면 본격적인 파티가 시작될 것이었다.

역방향 이야기

꽤 오래 기다렸지만 신랑과 신부는 보이지 않았다. 서로 사랑으로 시작해서 결혼에 대한 서약서를 작성했음에도 불구하고 결혼에 대한 막막함이 생긴 것 같았다. 신랑과 신부는 떨어져 있어 서로 못 보는 상황에서 각자 고민했다. 결혼식이 점점 다가오자 신랑과 신부는 아직 때가 아니라 생각하고 파혼을 결정했다. 자세한 사정을 모르는 하객들은 상대방 하객들에게 이렇게 된 상황의 이유를 떠넘기게 되고 결혼식이 점점 논쟁의 장소로 변하기 시작했다.

Four of Wands의 #해시태그

#캐노피 #결혼식 #평화의_큰잔치 #안전과_보호의_서약 #결혼준비_완료 #결혼에_대한_막막함
#결혼의_부담감 #하객들의_다툼 #파혼

4

"좀 더 교양 있게
즐길 수도 있을 텐데!"

Four of Cups

정방향 이야기

친구가 없으며 내성적인 한 남자가 있었다. 그는 즐거움에도 질서가 있어야 하고 도를 지켜야 한다고 생각했고 직접 행동으로 옮겼다. 너무 올곧은 행동과 신념 탓에 그저 즐거우면 되는 사람들에게 그는 '재미없는 사람'이었다. 그는 외로웠고 좀 더 사람들과 가까워지기 위해 재미있는 이야기나 농담, 춤, 멋진 옷 등을 준비했으나 쉽지 않았다. 마치 그들과 자신은 전혀 다른 종족으로 인식하는 느낌이었다. 그는 자신의 신념과 행동이 잘못된 것이 아님을 확신했기에 이를 모르는 타인들에 대해 실망했고 더불어 자신의 신념을 억누르고 노력했으나 인정받지 못해 실망하고 속상했다. 이러지도 저러지도 못하고 서로 즐겁게 노는 사람들을 보며 삶에 대한 회의를 느꼈다.

역방향 이야기

고뇌하던 그는 생각을 바꾸었다. 지금까지 그들과 서로 전혀 공감하지 못하고 있는 것을 알고 있었다. 그렇다면 방법은 내가 그들과 같은 종류의 인간이 되거나 그들이 자신을 이해하고 공감할 수 있도록 신념과 생각을 전달하면 되지 않을까 생각했다. 그들과 같은 사람이 되려 했으나 그것은 불가능했기에 후자의 방법을 택했다. 그는 막무가내로 술 먹고 관계하고 즐거움을 추구하는 방법이 아닌 정중하고 교양 있는 즐거움을 즐길 수 있는 지성인들의 공간과 규칙을 만들었고 이는 권력을 가진 자들이 선호하게 되어 금세 그의 인기는 높아졌다.

Four of Cups의 #해시태그

#내성적인_남자 #즐거움보다_도리 #올곧은_행동과_신념 #재미없는_사람 #외로움 #다른_종족
#실망 #생각을_바꿈 #공감을_넓히자 #교양_있는_즐거움 #지성인의_공간 #지성인의_규칙 #권력
자의_선호 #인기_상승

4

"아 이제
뭐 해 먹고 사나."

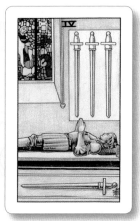

Four of Swords

승리를 향한 광기에 젖은 두 나라 사이에 꽤 오랜 전쟁이 벌어졌다. 2대에 걸쳐 칼만 쥐고 살아온 사람이 있을 정도였다. 전쟁은 물자가 풍부한 쪽이 유리하기에 상대의 물자를 효과적으로 파괴해야 승리에 다가갈 수 있다. 부강했던 소드는 유리한 국면이었음에도 물자관리에 소홀했기에 패배 아닌 패배로 일컫는 휴전을 하게 되었다. 소드의 왕은 물자의 중요성을 깨닫고 휴전 후 물자 확보를 위한 정책을 펼쳤다. 지금까지 전쟁의 광기에 휩싸였던 소드 국민들은 검을 쓰지 못하게 되자 아무것도 할 수 없는 상태가 되었다. 하층민이었던 상인들이 갑자기 권력을 쥐게 되었고, 상류층이었던 기사들은 백수가 되었다. 주눅 든 모습은 보이지 않았지만 하루하루가 가시밭길이었다.

검으로 먹고살던 이들은 집에서 조용히 지내는 게 전부였다. 이래서는 안 된다고 생각하고 있었지만 자신들을 지휘할 사람이 없었기에 아무것도 할 수 없었다. 상인들에게 질투와 시기심이 치밀어 오른 기사들은 그들을 찾아가 으름장을 놓았다. 할 수 있는 게 그것밖에 없었기 때문이다. 의외로 상인들은 굽신대며 기사들에게 이런 말을 했다. "저희는 물자 조달과 충족을 위한 약간의 지식과 길을 알고 있을 뿐입니다. 저희가 이 작업을 충분히 원활하게 한다면 기사님들께서 다시 용맹하게 싸울 수 있는 기회가 있을 겁니다." 이 말을 들은 기사들은 가슴이 벅차올랐고 모두 집에 돌아가 잠시 먼지가 쌓였던 검을 들고 자율 훈련을 하기 시작했다.

Four of Swords의 #해시태그

#승리의_광기 #오랜_전쟁 #부족한_물자 #소드의_휴전 #물자충족_정책 #상인_득세 #기사_몰락
#기사의_분노 #질투와_시기심 #으름장 #상인의_지혜 #한마디 #사기_충천 #자율훈련

"아~거참,
이거 별로 티도 안 나는데."

4

Four of Pentacles

**정방향
이야기**

머리에 작은 왕관을 쓰고 4개의 펜타클을 머리와 가슴, 그리고 양발에 꼭 붙이고 있는 남자는 한 영지의 주인이었다. 그 영지에서는 왕이나 다름없었고 실제로 왕이 되고 싶어 했다. 영주민들에게 친절하고 선량했던 아버지가 죽고 유산으로 받은 이 영지에서 자신의 꿈을 펼칠 작정이었다. 펜타클의 또 다른 영주들은 자신의 영지에서 나는 작물이나 광물을 다른 나라에 공급했지만 돈을 받지 못 하는 일이 왕왕 있었다. 특히 전쟁이 한창인 소드가 골칫거리였다. 이런 상황을 목격한 이 영주는 단호하게 마음을 먹었다. "멍청한 것들. 돈 없는 나라에 물자만 주면 뭐 하나? 지금 당장 들어오는 돈이 중요하지." 영주는 자신의 영지에서 나는 작물과 광물을 모조리 개인 소유로 지정하고 희소성을 높이기 위해 물건을 풀지 않았다.

**역방향
이야기**

시간이 지나 소드가 크게 성장하고 전쟁에서도 승승장구하게 되었다. 소드에서 오던 상인들을 모질게 내쳤던 영주는 점점 불안해졌다. "야만인 같은 소드놈들 나한테 앙심을 품고 있겠지? 내 영지에 검을 들고 오면 어쩌지?" 이런 불안감 속에서 다른 영지가 소드로부터 지금까지 받지 못했던 자원에 대한 수금 소식을 듣자 크게 까무러쳤다. 당장의 이익 때문에 돈도 명예도 목숨도 지키지 못했다.

Four of Pentacles의 #해시태그
#머리_가슴_양발 #욕심 #눈앞의_이익 #소드와_불화 #소드의_성장 #뒤늦은_후회 #불안감 #소탐
대실

5

고통과 반성을 의미하는 5는 평형의 숫자이다. 평형이란 어떤 특별한 사건을 일정한 수준으로 균형을 맞춘다는 뜻이다. 성장을 목적으로 살아가는 인간에겐 오히려 고통을 주는 숫자가 되기도 한다. 자신이 가진 개념을 타인과 비교하면서 이런 고통을 마주하게 된다. 자신의 주장대로 살아왔지만 다른 이들의 전혀 다른 주장에 부딪히고, 자신의 감정을 쏟는 것이 답이라고 생각했지만 그 이외의 것이 필요함을 느낀다. 자신의 승리를 위해 살아가는 게 답이라 생각했지만 집단의 승리가 더욱 우선시 되는 것을 배우고, 자신의 이익을 위한 일이었지만 자신의 모든 것을 잃게 된다. 이런 평형의 숫자는 우리가 가진 에너지가 도를 지나쳤을 때, 반대되는 사건을 불러일으켜 바로잡게 만드는 역할을 한다.

완드는 불의 속성으로 자신의 자부심을 우선시한다. 완드 5의 고통은 자신의 자부심이 잘못되었고 시야가 좁은 상황임을 느끼게 해준다. 자부심이 꺾임으로써 다른 주장을 수용할 수 있는 여유가 생기고 나아가 자신의 주장을 더욱 견고히 할 수 있는 힘을 기르게 된다.

컵은 물의 속성으로 감정을 우선시한다. 컵 5의 고통은 자신만의 방법으로 감정을 전달했지만 그것이 전부가 아니었음을 깨닫게 한다. 그로 인해 슬픔을 느끼지만, 슬픔을 이겨내고 더욱 유효한 전달법을 깨우친다.

소드는 공기의 속성으로 자신의 승리를 우선시한다. 소드 5의 고통은 승리만을 위해 타인을 무자비하게 짓밟았지만 그것이 승리를 위한 방법이 아님을 느끼게 해준다. 그로 인해 진짜 승리를 할 기회를 잃게 되지만 자신의 승리 방법에 대해 다시 한번 점검해 볼 기회가 주어진다.

펜타클은 땅의 속성으로 이익을 우선시한다. 펜타클 5의 고통은 이익의 기준이 돈이기에 요행으로 돈을 가지려고 했지만 결국 모든 것을 다 잃게 됨을 알려준다. 돈으로 인해 차가운 길바닥으로 내던져졌지만 오히려 그 때문에 돈 말고도 가진 게 있음을 알게 된다.

5

"내 완드를
사용해야 한다고!."

Five of Wands

**정방향
이야기**

서로 다른 색의 옷을 입은 사람들이 같은 완드를 들고 싸우고 있었다. 일의 진척을 위해선 자신의 완드를 사용해야 한다고 각자 주장하고 있었다. 이들은 서로 생각과 행동 양식, 가치관이 전부 달라서 말 한마디가 서로에게 오해를 불러일으켰다. 그렇다 보니 일의 진척을 위한 논쟁에서 벗어나 점차 자신의 자존심을 위한 논쟁으로 커져 버렸다.

**역방향
이야기**

한창 논쟁을 하고 있는데 지나가던 한 노인이 물끄러미 쳐다보았다. 가만히 상황을 보고 있던 노인이 다가와 한마디 해주었다. "지금 당신들이 자신의 완드를 사용해야 한다고 주장하고 있는 것 맞소? 그런데 내 눈엔 당신들의 완드가 전부 똑같아 보이네만." 싸우던 사람들은 그제야 서로를 바라보며 바보 같은 자신들의 행동에 너털웃음을 터트렸다.

Five of Wands의 #해시태그
#다른색_옷 #다른_주장 #같은_완드 #다른_가치관 #자존심_논쟁 #지나가는_노인 #똑같은_완드
#너털웃음

"내가 살릴 수
있었는데!"

5

Five of Cups

정방향 이야기

컵에서 가장 인기 있는 남자가 있었다. 누구에게나 사랑받는 이 남자는 외모면 외모, 교양이면 교양, 재력이면 재력 빠지는 것이 없었다. 그렇기에 어떤 이성이든 자신의 눈에 차지 않았다. 그러던 남자는 매우 깊은 사랑에 빠져버렸다. 그러나 상대 여자는 남자를 매력적으로 보진 않았다. 남자는 지금까지 받아왔던 관심에 질려 있었고 여자의 이런 반응에 신선함을 느끼고 반했던 것이다. 남자는 여자에게 지금까지 다른 여자들에게 했던 모든 방법을 동원해 감정을 전달했고 계속해서 여자를 따라다녔다. 여자는 남자를 피해 강가까지 도망치다가 발을 헛디뎌 물에 빠졌다. 수영을 못하는 남자는 겁이 났고 당황했다. 여자는 결국 강물에 떠밀려 내려갔다. 여자의 장례식 날 남자는 여자를 구하지 못했던 강가에서 매우 깊게 슬퍼했다. 자신이 조금만 노력해서 수영을 익혔다면 어땠을까 하는 죄책감과 동시에 지금까지 그녀를 위해 쏟았던 열정과 에너지가 전부 무의미해짐을 느꼈고 남자의 감정은 고갈되었다.

역방향 이야기

슬퍼만 하던 남자는 이대로 폐인처럼 사는 건 좋지 않다고 생각했다. 처음이자 마지막으로 쏟았던 열정과 에너지라고 여겼고 더 이상 자신이 할 수 있는 것이 없다고 생각했으나 그것이 정답은 아니라고 느꼈기 때문이었다. 그녀는 자신이 수영을 못했고 겁이 많아서 죽게 된 것이었다. 그렇다면 이제라도 사랑하는 사람을 지키기 위해 수영을 배우고 겁을 없애자고 마음을 먹었다.

Five of Cups의 #해시태그

#사랑받는_미남 #이성에의_자신감 #사랑에_빠짐 #무관심한_여자 #스토킹 #강에_빠진_여자 #수영을_못함 #두려움 #장례식 #무의미와_허무 #허무의_극복 #수영을_배우고 #용기를_익히자

5

"헹~
멍청한 것들."

Five of Swords

전쟁이 없는 나날을 보내던 기사들은 서로 대련을 통해 실전 감각을 익혔다. 훈련용 대련은 아무래도 자극이 약해서 내기 대련을 시작했다. 처음엔 작은 돈을 걸고 했지만 점점 도가 지나쳐 기사들의 목숨과 같은 검을 걸기도 했다. 승리를 추구하는 집단인 만큼 승리하면 명성이 생기고 패배하면 조롱당했다. 더군다나 검까지 잃은 기사들은 더 이상 전쟁에 나가기 어려울 만큼 정신적 타격을 입기도 했다. 이를 두고만 볼 수 없었던 국가는 정책으로 내기대련을 금지했다.

내기 대련에서 계속 승승장구하는 한 남자가 있었다. 무조건 이기겠다고 생각 없이 검을 휘두르는 멍청이들과 다르게 자신은 영리하게 검을 휘두른다고 생각했다. 소드에서는 개인의 승리보다 집단의 승리를 우선시했고 협력이 중요했다. 당장은 그럴 필요가 없었기에 개인의 승리를 우선시하는 풍조가 만연했고 남자도 영리하고 요령 있게 편승했던 것이다. 상대방을 놀리거나 약점을 잡거나 반칙을 하면서까지 승리를 취한 것이다. 내기 대련이 폐지되고 전쟁 준비를 시작하면서 남자도 전쟁에 참여하기 위해 군대에 갔지만 아무도 이 남자를 자신의 소대로 받아주지 않았다. 남자의 인성을 알게되었기 때문에 집단의 승리에 반할 것이라 여긴 것이다. 남자는 군대에서 쫓겨났고 외톨이가 되고 말았다.

Five of Swords의 #해시태그

#실전감각_대련 #내기_대련 #검을_걸고_대련 #대련_금지 #승승장구 #개인의_이익 #영리하고_요령있게 #반칙 #전쟁_준비 #군대에서_배척 #외톨이

"난 이제 할 수 있는 게 없어."
"내가 뭐라도 해야 해."

5

Five of Pentacles

**정방향
이야기**

펜타클은 이익을 우선시하는 나라이다 보니 빈부격차가 매우 심했다. 정상적인 사업이나 일로 돈을 버는 것은 극히 제한적이었고 소수의 사람이 많은 부를 점유하고 있었기에 나머지 사람들은 그들 밑에서 일하거나 도박과 같은 요행을 바라기 일쑤였다. 한때는 대부호였던 남자가 사업에 실패하여 큰 빚을 지게 되었고 이 빚을 갚기 위해 도박에 빠져들었다. 가지고 있던 돈과 집, 옷을 모두 빼앗겼고, 빚쟁이에게 잡혀 흠씬 두들겨 맞기까지 했다. 남자는 모든 것을 잃었고 이제 남은 것이라곤 자신을 이 지경이 되어도 자신을 사랑해주는 아내뿐이었다.

**역방향
이야기**

사업에 실패해 도박까지 해서 모든 것을 잃은 남편을 아내는 저주했다. 자신의 삶까지 망가트리게 한 거라 여기고 미워했다. 그러나 그도 열심히 살려다 보니 이렇게 된 거라고 생각하니 불쌍한 마음이 들었고 아내는 다친 남편을 챙겼다. 굶주린 지 일주일은 되었다. 남편은 이미 의욕을 상실하고 멍했다. 이대로는 안 된다고 여긴 아내는 무슨 수를 써야 한다고 고민했다. 춥고 배고프며 남편의 다친 몸을 치료할 약도 사야 했다. 정처 없이 떠돌던 어느 날 따뜻한 빛줄기가 보였고 자신도 모르게 아내는 남편을 끌고 그 건물로 들어갔다. 안은 따뜻했고 인자한 표정으로 그들을 맞이하는 성직자를 보여 아내는 마음이 놓였다.

Five of Pentacles의 #해시태그

#빈부격차 #도박 #요행 #대부호의_실패 #도박실패 #패가망신 #부상 #모든_것을_잃음 #아내
#남편을_저주 #불쌍한_마음 #생업전선 #성전과_성직자

6

6은 조화의 숫자이다. 여기서 말하는 조화는 숫자 세계에서의 의미이다. 인간은 한 방향으로만 살지 못한다. 동전에도 앞뒷면이 있듯 인간도 앞모습이 있고 앞으로 가는 길이 있다면 뒷모습이 있고 뒤로 돌아가는 길도 있다. 성공 뒤엔 쓰디쓴 희생이 있고, 즐거운 행적 뒤엔 가슴 아픈 죄책감이 있고, 위험을 피해 안심하지만 또 다른 위험이 기다리고 있고, 베풂이 있으면 그 뒤엔 이익이 있다. 이런 조화는 5의 평형을 맞추는 것과 비슷한 원리로 보이지만 5는 엇나감을 바로 잡는 기전을 가진다면, 6의 조화는 바로 나아감의 이면을 보여주는 기전을 가진다.

완드는 불의 속성으로 자신의 자부심을 우선시한다. 완드 6의 조화는 자신의 자부심이 가장 잘 나타나는 시점이지만 반대로 그 자부심을 얻기까지의 희생이 있었음을 암시한다.

컵은 물의 속성으로 감정을 우선시한다. 컵 6의 조화는 자신의 감정을 가장 순수하게 보여줄 수 있는 시점이지만 순수한 감정을 보여주기까지 많은 죄책감과 실수가 있었음을 암시한다.

소드는 공기의 속성으로 자신의 승리를 우선시한다. 소드 6의 조화는 승리와 패배 사이에 있는 도망을 선택한다. 어찌 보면 유혈사태 없는 최고의 승리로 보이지만, 도망을 선택함으로써 승리의 본질을 벗어났기에 또 다른 선택의 여지가 없음을 암시한다.

펜타클은 땅의 속성으로 이익을 우선시한다. 펜타클 6의 조화는 자신이 이익을 가장 잘 베풀 수 있는 시기이지만 그 베풂을 잘 사용하여 자신의 이익으로 만들 수도 있고 반대로 크게 손해를 볼 수도 있는 위험이 있음을 암시한다.

6

"지금은
이 상황을 즐겨."

Six of Wands

**정방향
이야기**

아무도 자신의 구역을 벗어나 미지의 구역으로 나아가는 걸 꺼렸다. 그것은 미지의 구역에 대한 두려움 때문이었다. 그곳에 발을 딛는 것만으로도 전쟁과 같은 심리적 압박감에 시달려야 했다. 바깥세상이 궁금해 떠났던 모험단이 수년 만에 귀환했다. 많은 사람들이 그들의 성공적인 모험에 열광했고 모험단장에게 최고의 영애인 승리의 월계관을 씌워줬다. 이제 모험단만 있으면 또 다른 구역으로 확장할 수 있고 그만큼 그들은 강해질 수 있게 되었다.

**역방향
이야기**

모험단장은 사람들의 환호를 받으며 의연한 자세를 취했다. 그러나 20명으로 출발한 모험단에서 돌아온 것은 6명이라는 사실을 사람들은 몰랐다가 귀환의 열기가 잦아들면서 차츰 깨닫게 되었다. 이런 영광이 귀환한 사람들의 노력뿐만 아니라 모험 도중 해를 당한 동료들에게도 있는 걸 모두 알게 되었다. 사람들은 또 다른 구역으로 나아감을 기대하고 있지만 단장은 이 구역 경계 너머의 위험을 알고 있었다. 이것을 이야기한다면 그들이 지금까지 희생했던 것에 대한 보답을 받지 못할 수 있기에 일단은 입을 다물었다. 지금은 귀환한 동료와 이제 볼 수 없는 동료들을 위해 누리는 것이 우선이기 때문이었다.

Six of Wands의 #해시태그

#경계_너머 #미지의_구역 #두려움 #모험단 #성공적_귀환 #승리의_월계관 #영역_확장 #미귀_환자 #미귀환자의_희생과_영광 #현재의_태세 #추모와_영광

"세상에서 제일 아름다운 건
너란다, 꼬마야!"

6

Six of Cups

정방향
이야기

컵의 요정은 세상에서 가장 아름다운 여성에게 사과꽃을 선물로 주었다. 요정의 사과꽃에 대단한 능력이 있는 것이 아니었음에도 자신의 아름다움을 인정받는 상이라 생각한 여성들은 요정에게서 사과꽃 받기를 꿈꿨다. 사과꽃은 사람에게 약간의 향기를 더해주고 거울처럼 자신을 돌아볼 수 있는 마음을 줄 뿐이었다. 그럼에도 사람들은 20년에 한 번 나타나 사과꽃을 주는 요정을 신처럼 받들었다.

요정이 처음 사과꽃을 준 사람은 강렬한 미인이었다. 요정은 그녀의 미모에 반해 사과꽃을 주었다. 그녀는 자신의 아름다움을 인간이 아닌 존재에게서 인정받았다는 사실에 매우 우쭐해졌고, 남성들은 그녀에게 추파를 던졌다. 두 번째 여자는 강인한 여성으로 신체적 능력과 무술이 매우 뛰어난 여성이었다. 요정은 그녀의 강인한 정신력과 육체에 반해 사과꽃을 주었다. 여자는 기뻐했다. 그녀는 사과꽃을 받은 뒤 승진을 거듭했고, 결국엔 장군의 자리에까지 올랐다. 세 번째 여자는 성격이 너무 착하고 친절한 여성이었다. 요정은 그녀의 친절함에 반해 사과꽃을 주었다. 여자는 기뻐했다. 그녀는 사과꽃을 받은 뒤 더 많은 사람들에게 둘러싸이게 되었다. 그녀의 인기는 정중하고도 대단했다. 네 번째 여자는 똑똑하고 학식이 높았다. 요정은 그녀의 지혜에 반해 사과꽃을 주었다. 그녀는 사과꽃을 받은 뒤 세상의 이치를 깨닫고 현자가 되었다.

요정은 한동안 즐거웠다. 다음엔 어떤 사람에게 사과꽃을 줄지 사람들을 돌아보며 고민하였고, 그런 자기 모습과 능력을 생각하며 즐거워했다. 요정은 처음 사과꽃을 주었던 여성부터 마지막 여성까지 찾아다니며, 그동안의 변화와 성과를 나누면서 자신이 이룬 업적을 즐기기로 했다.

미모로 사과꽃을 받았던 첫 번째 여성은 많은 남성으로부터 추파를 받다 못해 결국에는 추행까지 당하게 되었다. 그녀는 폐인이 되어 있었고, 요정은 큰 충격을 받았다. 강함으로 사과꽃을 받았던 두 번째 여성은 많은 사람을 죽이고 왕의 자리에까지 올랐으나 죽임을 당할까 두려워 잠을 이루지 못하고 있었다. 요정은 마음이 아팠다. 착함으로 사과꽃을 받았던 세 번째 여성은 많은 사람들에게 착취를 당하다가 결국 굶어 죽었다. 요정은 무척 화가 났다. 지혜로 사과꽃을 받았던 네 번째 여성은 세상의 지식을 모두 알게 된 후 더 이상 얻을 게 없다는 생각에 세상과의 연을 끊었다.

요정은 업적을 즐기기 위해 찾아갔지만 도리어 상처와 실망만 얻었다. 요정은 자신이 이들을 이렇게 만들었다는 죄책감에 빠졌고, 인간의 욕심에 대한 분노가 치밀어 올랐다. 요정은 한동안 인간 앞에 모습을 드러내지 않았다. 인간은 이 요정이 악마라고 기록했다.

요정은 솔직하지 못했던 자신의 잘못도 있지만 한 치 앞만 보고 자기밖에 모르는 인간에 대한 깊은 슬픔이 생겼다. 요정은 자신의 죄책감을 덜기 위해 고민했다. 세상에서 가장 아름다운 것은 어떤 것일까? 한동안 고민하던 요정은 마을에서 매우 어린 소녀를 만나게 되었다.

피부는 좋았지만 예쁘다고 하긴 어려웠고 옷도 허름했으며, 씻지 않아 꼬질꼬질했다. 소녀는 요정을 물끄러미 바라보았고 요정은 무시하려 했다. 소녀가 그런 요정에게 왜 슬픈 표정을 짓느냐고 물었다. 요정은 저도 모르게 지금까지 있었던 이야기를 해 줬고, 소녀는 "사과꽃이 나쁜 거다."라고 이야기했다.

요정은 생각지도 못했던 답이었다. 지금까지 했던 근심이 날아가는 듯했다. 그렇다. 그 여자들을 나쁜 상황으로 몰고 간 것은 요정이 준 사과꽃 때문이었다. 자신이 신이 된 것 마냥 야단법석하며 사과꽃을 주고 그 여성을 주목받게 한 것이다.

Six of Cups

요정은 순수한 시선으로 걱정해주고 진실을 찾게 해준 마음이 고마워 빨간 후드를 쓴 소년으로 변신해 컵에 사과꽃을 꽂아 마치 파는 물건으로 위장해 소녀에게 선물했다.

Six of Cups의 #해시태그

#아름다움 #사과꽃 #향기 #거울 #미모 #강인함 #친절함 #지식과_지혜 #업적 #실망감 #당혹 #추행 #두려움 #불면 #착취 #아사 #현자 #절연 #분노 #악마 #죄책감 #소녀 #사과꽃이_나쁘다 #각성 #빨간_후드_소년 #컵꽃_선물

6

"빨리
도망가야 해."

Six of Swords

**정방향
이야기**

전쟁이 발발하고 심각한 폭력이 난무하기 시작했다. 전쟁이 치러지는 지역의 주민들은 죽거나 도망가야 했다. 한낱 주민이지만 세상 정세를 잘 읽고 눈치가 빠른 한 남자가 있었다. 그는 자신의 마을에 전쟁이 날 것을 짐작하고 미리 아내와 아이를 데리고 다른 지역으로 배를 타고 도망가기 시작했다. 잠시 뒤 뒤쪽에서 폭발음과 함께 검은 연기가 피어올랐고 남자는 안도의 한숨을 쉬었다.

**역방향
이야기**

남자는 저들에게 발각되면 그 즉시 자신뿐만 아니라 가족들도 죽게 될 것을 알고 있었다. 지금 여기서 배를 돌려야 할까? 돌려도 우리 가족이 살아날 가능성이 없다. 그럼 다 같이 빠져 죽어야 하나? 그건 아빠로서 남편으로서 할 수 없는 행동이다. 남자는 목적을 잃었다. 어디로 가든 죽을 수밖에 없을 것이다. 좀 전만 해도 가볍게 느껴졌던 노가 굉장히 무거웠고 저어야 하나 말아야 하나 망설임 때문인지 시간이 매우 느리게 가는 것 같았다. 어떻게 하면 우리 가족 모두가 살아남을 수 있을까? 소드에서 무릎 꿇고 목숨을 구걸하는 건 죽여달라는 것과 같다. 결국 우리 모두 죽을 것이다. 방법이 없다.

Six of Swords의 #해시태그

#전쟁_발발 #정세_통찰력 #전쟁의_직감 #가족과_도피 #배_한척_ #안도의한_숨 #맞은편의_적선
#발각되면_죽음 #절망

"뿌린 것보다 더 수확하는 것이 사업이지." "반드시 보답하겠습니다."

Six of Pentacles

정방향 이야기

사업에 크게 성공한 남자가 있었다. 남자는 크게 이익을 보는 날이면 바로 거리로 나가 사람들에게 돈을 나눠줬다. 대부분 가난하고 갈 곳 없는 사람이었기에 남자는 이들로부터 굉장히 인망 좋은 사람으로 알려졌다. 남자에게 도움을 받은 사람들은 받은 돈으로 성공한 사람도 있고 성공하지 못한 사람도 있었으나 모든 사람이 고마운 마음에 남자가 파는 물건을 우선 사려고 노력했다. 남자는 더욱 사업이 번창했다.

역방향 이야기

가난한 사람들은 모르는 상류사회에서만 도는 이야기가 있었다. 기부를 한 사람에게 세금을 줄여준다는 이야기였다. 사업에 성공한 남자는 이 정책을 어떻게 이용할까 궁리했다. 남자는 길거리에서 굶어 죽어가는 아이들과 얼어 죽어가는 사람들을 이용하기로 했다. 돈과 물자를 나눠주며 그들에게 친절과 약간의 부담을 주었다. 그들에게 찾아가 그들이 필요한 것을 묻고 그들에게 선량한 웃음으로 나눠주며 자신이 누구이며 무엇을 하는 사람이고 나중에 성공하면 다른 사람들 더욱 도울 수 있다고 설득했으며, 자신의 물건을 사용해 달라고 이야기했다.

Six of Pentacles의 #해시태그

#성공한_남자의_기부 #거리_기부 #인망 #고마운_마음 #상부상조 #기부_절세 #친절과_부담 #설득과_요청 #내_물건을_써주길

7

SEVEN

7은 고통스러운 합일의 숫자이다. 영혼을 상징하는 숫자 3과 육체를 상징하는 숫자 4의 합일을 말한다. 영혼과 육체의 합일은 사실 매우 어렵고 고통스러운 작업이다.

자신의 역량에 대한 자부심과 역량을 뛰어넘을 수 없다는 걱정의 합일이며, 환상과 현실의 합일이다. 자신의 불만과 불안감과 그것을 자극하는 제안들과 루머의 합일이며, 연구되어 완성도 높은 실적으로 인정받은 기술과 그 기술을 요구하는 새로운 단체의 합일이다. 7은 자신이 가지고 있는 것을 뛰어넘으려는 의지와 그에 따른 또 다른 외압을 조절하는 걸 배우는 단계이다.

완드는 불의 속성으로 자신의 자부심을 우선시한다. 완드 7의 고통의 합일은 자신의 자부심과 자부심을 지키기 위한 근심이 합일되어, 자격지심이 심해지고 타인을 불필요하게 경계하려는 성질이 강해짐을 말한다.

컵은 물의 속성으로 감정을 우선시한다. 컵 7의 고통의 합일은 가지고 싶다는 욕구와 그것을 충족시키기 어렵다는 현실의 합일을 말하며, 환상과 현실 사이에서 어떤 선택을 해야 할지 고민되는 상황을 말한다.

소드는 공기의 속성으로 자신의 승리를 우선시한다. 소드 7의 고통의 합일은 자신이 이길 수 있다는 승리에 대한 얄팍한 확신과 패배에 대한 두려움과 열등감, 그리고 그것을 자극하는 다른 일들의 간섭이 합일됨을 말하며, 자신의 행동을 돌아보지 못하고 타인에게 잘못을 미루게 되는 상황을 말한다.

펜타클은 땅의 속성으로 이익을 우선시한다. 펜타클 7의 고통의 합일은 이익을 위한 합일을 말한다. 이 합일은 이익을 목적으로 내가 가진 것과 다른 사람이 원하는 것이 합일되는 것을 말한다.

7

"내가
최고여야 하는데."

Seven of Wands

**정방향
이야기**

완드를 들고 있는 청년의 아버지는 전쟁에서 몇 번이나 승리했던 완드의 용맹한 장군이었다. 청년은 아버지의 유지를 이어받아 최고의 장군이 되기 위해 노력했다. 그러나 청년은 아버지와 역량의 차이가 있었기에 쉬운 일은 아니었다. 청년도 그 사실을 알고 있었다. 그럼에도 불구하고 청년은 할 수 있는 모든 방법을 동원하여 기사 아카데미의 우등생이 되었다.

**역방향
이야기**

차세대 장군으로 촉망받는 우수한 학생이자 기사였지만, 인간의 범주를 넘어선 아버지의 능력과 비교하면, 자신은 한낱 인간에 지나지 않았다. 아버지에게 열등감을 느끼고 싶진 않았지만 위대한 아버지를 보고 자란 청년은 점차 자격지심에 휩싸이게 된다. 발전에 한계가 느껴지던 중 아카데미의 학생들이 자신의 위치를 넘보고 있음을 알아챘다. 자신이 최고가 되어야 한다는 압박과 그것에 대한 걱정 때문에 자신의 역량을 최대한으로 발휘할 수 없게 되었다.

Seven of Wands의 #해시태그

#승리의_장군 #장군의_아들 #청년의_노력 #아카데미_우등생 #인간의_범주 #열등감 #비교 #자격지심 #한계체감 #걱정과_압박 #역량의_한계

"저걸 다
가지고 싶어~!"

7

Seven of Cups

지지분한 뒷골목에서 시답잖은 정치 풍자와 낡고 세련되지 못한 유머로 광대 짓을 하며 사는 남자가 있었다. 그는 밝은 거리를 자신 있게 돌아다니는 사람들을 동경했고 그들을 유머의 소재로 사용했다. 상류사회에서 지내는 사람들에 대해 어떻게 하면 그들과 같아질 수 있을까 상상하곤 했다. 그들은 돈을 많이 가졌는데 어떻게 돈을 저렇게 많이 가지게 되었을까? 어떤 사람은 욕망이 가득하여 손해 보는 것을 싫어하는 것 같고, 어떤 사람은 명예를 좇다 보니 돈이 들어오고, 어떤 사람은 주변 사람을 잘 만나서 돈이 많아지고, 어떤 사람은 부모를 잘 만나 여유 있는 삶을 살게 되었다는 사실을 그들을 따라다니며 알게 되었다. 그 남자는 비단 돈만이 아니라 그들이 가진 여유와 아름다움을 가지고 싶어 했다.

상류 사회를 상상하며 그들처럼 되길 희망하던 남자는 자신을 돌아보게 되었고 그 순간 자신이 얼마나 비참한 삶을 살고 있는지 깨달았다. 저들과 다른 게 무엇일까? 두 팔과 두 다리를 멀쩡히 가지고 있는데 왜 나는 저들과 같이 될 수 없을까? 무엇이 다른 걸까? 곰곰이 생각하던 남자는 어느 순간 머리가 맑아졌다. 지금껏 자신은 그들을 부러워만 하고 자신이 무엇을 할 수 있는지 무엇을 통해 현실을 헤쳐나갈 수 있는지를 몰랐다가 마침내 깨달았던 것이다. 그때부터 상상만이 아니라 실제로 상류사회로 자신이 뛰어 들어갈 수 있는 방법을 모색했다.

Seven of Cups의 #해시태그

#뒷골목_광대 #상류사회_동경 #관찰 #그들의_여유와_아름다움 #부러움 #질투 #반성 #비참함
#차이가_없음 #부러움의_한계 #현실적_방안 #모색

7

"어디 한번
이것 없이 잘되나 보자. 하하하."

Seven of
Swords

**정방향
이야기**

서커스 단원 중 한 명인 남자는 평소에 단장에게 불만이 많았다. 늘 잔소리가 많은 단장은 화려하고 아슬아슬하게 전율이 넘쳐야 할 서커스 공연을 위험하다 며 항상 막았고, 멋진 기술을 뽐내고 싶었던 단원은 단장에게 환멸을 느꼈다. 하지만 단장과 싸울 만한 배짱은 없었고 능력도 없었다. 자신이 하고 싶어 하는 일마다 단장은 항상 막았다. 단장이 나를 싫어하나? 하는 의심까지 들 정도였 다. 언젠가는 단장을 한번 크게 당혹스럽게 할 상황을 만들어 보자고 남자는 다짐했다.

**역방향
이야기**

어느 날 단장은 칼을 이용한 서커스를 제안했다. 칼을 가지고 하는 공연은 매우 위험한 공연이었다. 그리고 한 번도 칼을 다루지 않았던 남자에게 그 공연을 맡 긴다는 소문이 돌았다. 사실 단장은 진짜 칼이 아닌 모조 칼로 공연을 하려 했 으나 남자는 그것을 알 리 없는 말단 단원이었다. 남자는 굉장히 분노했고 이전 부터 다짐했던 단장을 당혹스럽게 할 사건을 벌이기로 마음먹었다. 그것은 공연 에 사용할 칼을 몰래 훔쳐서 달아나는 것이었다. 그러나 사용하는 칼들이 너무 많았고 정신없이 훔치 는 바람에 칼 이외에 자신의 흔적을 많이 흘려버렸다. 결국 남자는 도둑으로 몰려 잡혔고 큰 벌을 받 게 되었다.

Seven of Swords의 #해시태그
#서커스_단원 #단장의_잔소리 #겁쟁이_단장 #단원의_불만 #사건 #칼_서커스 #모조_칼 #소문
#두려움 #당혹의_사건 #칼도둑 #체포 #형벌

"하나가 안 떨어 졌으면
7개인데."

7

Seven of Pentacles

**정방향
이야기**

한 청년이 열심히 펜타클 열매를 수확하기 위해 농사를 지었다. 항상 연구와 실험을 게을리하지 않아 매우 실적이 좋았고, 펜타클 농부로 유명세를 얻었다. 많은 거래처에서 대량의 펜타클을 원했고 요구를 충족시키기 위해 더 많은 수확물을 얻으려 애썼지만. 과도하게 욕심을 부리다가 펜타클이 너무 익어 낙과가 많았다. 그로 인해 펜타클의 가치가 떨어졌고, 그도 유명세를 잃고 말았다.

**역방향
이야기**

업체들의 요구에 맞출 수 없게 된 청년은 잘 익은 펜타클이 여섯 개나 된다는 사실을 잊어버리고 땅에 떨어진 일곱 번째 펜타클만 아쉬워했다. 낙과한 사실을 업체들이 알까 봐 조바심을 느꼈던 것이다. 이런 조바심은 평정심에서 나오는 좋은 기술을 조금씩 갉아먹었다. 결국 요구한 물량도 맞추지 못했고 품질 또한 좋지 못한 펜타클을 내놓았다. 신뢰를 잃은 청년은 큰 손실을 입게 된다.

Seven of Pentacles의 #해시태그
#펜타클_열매 #펜타클_농사 #연구와_실험 #유능한_농부 #유명세 #욕심 #낙과 #실패 #나머지_한_개의_실패 #그것에_대한_조바심 #평정심_유지_실패

8
EIGHT

8은 양면성을 가진 숫자이다. 8을 있는 그대로 본다면 균등하고 완벽한 숫자이지만, 이 완벽한 숫자는 완벽함을 요구하는 숫자이기도 하다.

자신의 자부심을 완벽하게 만들기 위해 무리하는 것, 완벽하게 일을 하려다가 그 일을 포기하는 것, 두려움으로부터 자신을 완벽하게 격려하려다 현실에서도 멀어지는 것, 자신의 역량을 한 면만 보고 완벽하다 착각하고 자만하는 것이 바로 8이다. 8은 자신이 가지지 못한 것을 받아들이거나 자신이 가지고 있는 확고한 편견을 깨부수는 단계이다.

완드는 불의 속성으로 자신의 자부심을 우선시한다. 완드 8의 완벽함은 완벽한 자부심을 위해 자신을 혹사해 무리하게 됨을 상징한다.

컵은 물의 속성으로 감정을 우선시한다. 컵 8의 완벽함은 완벽하게 보이고 싶은 욕구이며, 완벽하게 보이려다 보니 자신이 생각하는 완벽함에 갇히게 되고 유연한 사고방식을 가지지 못함을 말한다.

소드는 공기의 속성으로 자신의 승리를 우선시한다. 소드 8의 완벽함은 승패가 완벽하게 나뉘어 있음을 의미한다. 완벽한 승리는 없기에 승리를 우선시하는 것은 사실 패배감을 가지고 싶다는 말과 같다. 스스로 깨닫지 못할 뿐. 따라서 열등감과 패배감이 완벽하게 자신을 지배하고 있다고 착각하고 그것으로부터 벗어나기보다 두려워하여 스스로 판단을 못 하는 상황임을 상징한다.

펜타클은 땅의 속성으로 이익을 우선시한다. 펜타클 8의 완벽함은 자신의 이익이 자신의 역량으로부터 나온다고 착각하고 있음을 말한다.

8

"더 빨리!
더 멀리!"

Eight of Wands

정방향 이야기

완드는 국민 개개인의 힘으로 나라를 성장시켜왔다. 국민들이 자신의 일에 대한 자부심과 열정을 가졌기에 가능했다. 항상 현재에 만족하지 않고 더 높은 목표를 갱신했고 더 많은 것을 취하기 위해 노력했다. 처음엔 완드(자)의 크기로 자신의 목표치를 재고 그에 맞게 일을 착수했지만. 그것만으로 만족하지 못하고 완드를 멀리 던져서 얻은 거리만큼을 목표치를 정했고, 이는 무리한 설정이었다. 그렇다 보니 기존보다 더 많은 일을 더 빠르게 처리할 수 있게 되었으나, 빠른 발전과 맞물려 예상치 못했던 변수에 그만큼 더 쉽게 맞닥뜨리게 되었다.

역방향 이야기

일이 있으면 휴식도 있어야 하는 법이다. 목표를 높게 설정한 덕분에 눈부신 성장을 이룩했지만, 정상 범위를 벗어나는 무리한 목표를 달성하기 위해 휴식은 사치가 되어버렸고, 결국 스스로를 혹사한 결과로 이어졌다. 많은 국민들이 번아웃 상태에 빠져 사회 전반에 생기가 사라지게 되었다. 빠르게 달리던 기차가 갑자기 멈추면 레일을 벗어난다. 이는 큰 사고로 이어지고 생각하지 못했던 희생과 비용을 치르게 됨은 당연한 일이다.

Eight of Wands의 #해시태그

#부지런한_국민 #자부심과_열정 #목표갱신 #노력 #완드만큼의_목표 #무리한_설정 #빠른_성장 #일과_휴식 #무리한_목표 #휴식은_사치 #번아웃 #급정거 #탈선 #사고 #희생과_비용

"컵이 두 개가 부족하네.
난 이것도 못하는 멍청이야!"

8

Eight of Cups

정방향 이야기

자신감이 없고 열등감만 가득한 완벽주의자가 있었다. 그는 일을 꼼꼼히 챙기는 장점이 있었지만, 너무 일을 꼼꼼히 하느라 완벽하지 않으면 포기하는 단점이 있었다. 그렇다 보니 중책을 맡을 수 없었고 사회적 지위가 점점 낮아지게 되어 더 이상 자신이 할 수 있는 일이 없는 지경에 다다랐다. 어느 날 그에게 컵을 쌓는 의뢰가 들어왔다. 의뢰자는 컵들이 들어 있는 주머니를 완벽주의자에게 대충 내어주며 '컵을 균일하고 보기 좋게 삼각형으로 쌓아주세요'라고 의뢰했다. 컵을 쌓아야 하는 장소에 가서 컵을 꺼내니 8개가 나왔다. 한참 동안 컵을 이리저리 쌓아가며 균형을 맞춰보았지만 완벽주의자의 기준으로는 개수가 부족하거나 예쁘지 않게 쌓였다. 밤늦게까지 이리저리 쌓아보던 그는 결국 이 일을 포기하며 자신을 자책했다.

역방향 이야기

마을에 내려온 완벽주의자는 주점에서 술을 마시며 지나가는 여행자에게 하소연을 털어놓았다. 이야기를 듣던 여행자는 어이가 없다는 표정으로 "작은 삼각형으로 쌓고 싶으면 컵 2개를 의뢰자에게 반납하고 높게 쌓고 싶으면 컵 2개를 더 달라고 하면 되지 않소?"라고 반문했다. 여행자는 힘내라며 토닥이고 떠났고, 완벽주의자는 잠시 깊은 생각에 빠진 뒤, 미소를 지은 채 의뢰자의 집으로 향했다.

Eight of Cups의 #해시태그

#열등감 #완벽주의자 #꼼꼼함 #아니면_포기 #컵_쌓기 #8개의_컵 #완벽_불가 #여행자 #6개_삼각형 #10개_삼각형 #고민_해결

8

"분명 이 사람들은
나에게 칼을 겨누고 있을 거야."

Eight of Swords

**정방향
이야기**

나라에 버림받고 사랑하는 사람에게 버림받고 부모에게 버림받은 기구한 운명의 한 여성이 있었다. 항상 버림받는 인생을 살다 보니 어디에도 정착할 수 없었고 떠돌이 인생을 살아야 했다. 어느 날 가장 치안이 좋고 엄격한 나라인 소드에 발을 딛게 되었다. 항상 자국민의 상황을 엄격하게 체크하는 소드에선 떠돌이 여자가 잡히는 건 시간문제였다. 감옥으로 끌려간 여자는 스파이로 오해받고 모진 고문을 받았다. 의지할 곳 없는 여자는 매우 무서웠고 목숨을 잃을까 봐 두려웠다.

**역방향
이야기**

몇 주 뒤, 여자가 스파이가 아닌 떠돌이라고 확신한 소드는 여자의 눈을 가린 채 성 밖으로 추방하였고 칼로 계속해서 다시 들어오지 못하도록 위협했다. 성과 어느 정도 떨어진 곳에서 소드의 병사들은 마지막으로 여자에게 크게 윽박지른 뒤 그대로 두고 성으로 떠났다. 여자는 계속해서 몸을 떨었고 눈을 가린 안대가 벗겨지기만을 기다렸다. 춥고 배고프고 다리도 아프고 고문당한 곳은 감각이 없을 정도였지만 여자는 죽는 게 무서워 며칠 동안 그 자리에서 움직이지 않았다.

Eight of Swords의 #해시태그

#버림받은_여인 #기구한_운명 #떠돌이_인생 #엄격한_소드 #스파이_혐의 #오해 #고문 #추방
#칼로_위협 #가린_눈 #두려움의_부동

"내가
왜?"

8

Eight of Pentacles

정방향 이야기

잘 길러진 펜타클은 원석과 같다. 이를 잘 다듬어야 진정한 가치를 가진 펜타클이 완성된다. 펜타클을 가장 잘 만들기로 유명한 남자는 본래 조각가가 꿈이었다. 자신의 창작물이 안 팔리고 인기가 없자 생계를 위해 펜타클 조각을 아르바이트로 하다가 완성도를 인정받아 많은 의뢰를 받게 되었다.

역방향 이야기

펜타클 다듬는 의뢰를 받으며 오랜 시간을 일해 온 남자는 어느 날 한 가지 패턴만으로 조각된 펜타클을 보며 지금까지 너무 기계적으로 작업하고 있었음을 깨달았다. 눈감고도 수 초 안에 할 수 있는 이 별 모양의 패턴에 회의감을 느끼게 되었다. '이 정도는 눈감고 하는데 내 머릿속에 있는 창작물도 대단해졌을 거야.' 문득 이런 생각이 스치자 펜타클 만드는 일을 중단하고 다시 자신의 창작물 제작을 시작했다. 하지만 여전히 자신의 창작물은 사람들에게 인기가 없었고 자존심이 상한 남자는 자신에게 펜타클을 맡기려면 자신의 창작물을 인정하고 구입하라고 종용했다. 어쩔 수 없이 의뢰자들은 남자의 볼품없는 창작물을 구입했고, 남자는 그것이 더 수입이 좋았기도 했고 자신의 창작물이 인정받는 느낌이 좋아서 더더욱 자신의 창작물을 강매했다. 사람들은 점점 남자에게 의뢰하지 않게 되었고, 결국 남자는 자신의 창작물도 능력도 모두 잃었다.

Eight of Pentacles의 #해시태그

#원석 #세공기술자 #조각가 #많은_의뢰 #기계적 #한가지_패턴 #창작물 #비인기 #창작물_강매
#수입은_좋았으나 #손님_감소 #손해

9

NINE

9는 완성된 숫자이다. 완성된 숫자로서 그 안정감은 평화를 이뤄가는 기반이 된다. 그래서 9는 평화를 상징하는 숫자이기도 하다.

안정된 삶을 위한 준비, 안정된 정신 건강을 위한 인맥, 안정된 삶을 위한 거짓말, 자신의 안정된 공간, 평화로운 공간인 정원 등을 떠올릴 수 있다. 그러나 인간은 안정과 평화를 순수하게 받아들이지 않는다. 안정된 상태를 유지하고 더 발전시키기 위해 무리한 욕심을 부린다. 안정된 삶을 위한 준비가 도리어 불안정한 상태로 깨지게 되고 안정을 위해 시작한 사소한 거짓말이 불신이 되며, 자신만을 위한 이기적인 인맥 관리가 배신으로 돌아오기도 한다.

완드는 불의 속성으로 자신의 자부심을 우선시한다. 완드 9의 평화는 이를 지키기 위해 자신이 할 수 있는 모든 힘과 열정을 쏟아붓는 걸 말하며, 나아가 자신을 과잉보호하는 것으로 발전할 수 있음을 암시한다.

컵은 물의 속성으로 감정을 우선시한다. 컵 9의 평화는 이를 유지하고 싶어 하는 욕구이며, 자신의 감정의 평화를 위해 남의 평화는 쉽게 깨질 수 있음을 의미한다.

소드는 공기의 속성으로 자신의 승리를 우선시한다. 소드 9의 평화는 승리를 유지하기 위해 열등감, 패배감을 이용하는 것이고 어설프게 이용하는 것은 불신을 낳는다는 의미를 가진다.

펜타클은 땅의 속성으로 이익을 우선시한다. 펜타클 9의 평화는 이를 유지하는 것이 이익이 될 것이라 착각할 수 있음을 경고한다.

9

"이 정도면 안전할 거야.
안전해야 해."

Nine of Wands

정방향 이야기

전쟁이 끝나고 휴전 협정이 맺어진 지 수년이 흘렀다. 특별한 일이 없다면 다툼이 일어나지 않는 평화의 시대가 되었다. 완드는 가진 자원과 토지 때문에 항상 다른 나라에 표적이 되었기에 그간 많은 수난을 당했다. 오랜 기간 벌어진 전쟁에서 살아남은 완드의 한 군인은 전쟁에서 얻은 상처 때문에 외상 후 스트레스를 겪고 있었다. 평화가 온 것은 알고 있었지만, 전쟁이 언제 또 일어날지 모르는 불안감에 조잡한 울타리를 세웠고, 그제야 안심을 했다. 전쟁에서 다친 머리의 상처는 다 나았지만 전쟁을 잊지 말자는 취지에서 상처 부위를 붕대로 감아두어 전쟁에 대한 경각심을 스스로 높였다.

역방향 이야기

시간이 흘러 사람들의 기억 속에서 전쟁이 사라질 무렵에도 전직 군인은 여전히 전쟁에 대해 대비를 하고 있었다. 강박적인 이런 태도에 주변 사람들은 걱정을 했다. 전쟁의 두려움에 대한 정신적인 고통에서 벗어나기 위한 대비일 뿐 실제로는 허술하기 짝이 없었다. 그러나 그의 행동을 전쟁 준비로 오해한 다른 나라에서 이 문제를 정치적 쟁점으로 삼았다. 결국 그는 국가의 제지로 더 이상 활동을 할 수 없었고, 정신 치료를 받게 되었다.

Nine of Wands의 #해시태그

#휴전협정 #평화시대 #완드의_전직군인 #외상후스트레스 #불안감 #전쟁대비 #상처에_붕대 #강박 #정신적_고통 #허술한_대비 #전쟁준비로_오해 #정치문제_비화 #국가의_제지 #정신치료

"누구도 나 정도의 인맥을
가지진 못했지!"

9

Nine of Cups

**정방향
이야기**

유희의 나라인 컵에서는 외모와 사교성이 떨어지는 사람은 아무리 돈이 많아도 권력을 가질 수 없었고, 아무리 힘이 천하장사여도 무시당했다. 어렸을 때부터 인기가 없던 한 남자가 있었다. 항상 사람들과 잘 어울리기 위해 노력했지만 못 생긴 외모와 소유욕으로 꼬인 성격 탓에 언제나 곁에 사람을 두지 못했다. 남자가 성인으로 성장하는 동안 깨달은 게 있었다. '사람이 나를 싫어하면 나를 좋아 하게 만들면 되고 나를 좋아하게 만들지 못한다면 나의 말을 거스르지 못하도록 옭아매면 되는구나.' 이를 깨달은 남자는 사람마다 약점이 있음을 알게 되었고 약점을 공략해서 자신에게 거스르지 못하 게 했다. 반면에 자신의 사람으로 만들고 싶은 사람이 있을 땐, 상대가 원하는 부분을 예리하게 감지 하여 칭찬했다. 남자는 사람의 심리를 조종하며 인맥을 보유해 나갔다.

**역방향
이야기**

수많은 인맥을 보유한 남자의 마음은 평화롭고 풍요했다. 자신감이 넘쳤고 행복 했다. 그러나 진정으로 사람의 마음을 얻은 게 아니라 요령으로 얻었기 때문에 그 기반은 항상 흔들리고 있었다. 사람들은 이 남자가 했던 칭찬은 거짓이고 잡 고 있던 약점은 그리 창피하거나 불편한 것이 아님을 알게 되자 남자를 욕하며 떠나갔다. 남자는 자신이 가진 것을 모두 잃게 되었고 시름시름 앓게 되었다.

Nine of Cups의 #해시태그

#외모와_정치력 #비인기남 #요령터득 #약점공략 #장점감지 #심리조종 #인맥보유 #평화와_풍요

#자신감 #요령의_한계 #관계파괴 #마음의_병

9

"이번에도
속일 수 있겠지."

Nine of Swords

정방향 이야기

가난한 집에서 태어나 못 먹으며 학대받고 거지 취급당하던 한 소녀가 있었다. 소녀는 힘든 환경에서도 굳건한 자세로 동생들의 굶주림과 병든 어머니의 수발을 해결했으며, 아무지게 일해서 주정뱅이 아버지의 술값마저 감당했다. 어느 날 어머니와 막냇동생이 죽었다. 자신이 부족해서 생긴 일이라 자책하고 골목에서 펑펑 울고 있었다. 울고 있는 소녀에게 멋지게 차려입은 귀족 남자가 손을 내밀었고 이유를 듣고는 불쌍히 여겨 많은 돈을 손에 쥐여 주었다.

역방향 이야기

큰돈이 손에 들어오자 소녀는 이유가 궁금해 남자에게 물었더니 가엽고 불쌍해서 가슴이 아팠고 해줄 수 있는 것이 이것밖에 없다는 대답을 들었다. 돈이 없어 동생과 어머니가 죽게 되었다고 생각한 소녀는 어떤 슬픔은 자신과 동생, 아버지를 위한 돈을 벌어다 준다는 것을 알게 되었다. 소녀는 거짓 울음과 슬픔으로 사람들에게 동정을 사서 차츰 많은 돈을 얻게 되었다. 열심히 노력하는 것보다 한번 슬픈 척하는 것이 더욱 쉬웠다. 그러던 소녀는 동정으로 귀족의 마음을 사게 되었고 결혼까지 이르렀다. 동정으로만 먹고 살아온 이 여자는 슬픈 척 말고는 할 줄 아는 게 없었고 사람들은 점점 여자의 슬픔에 의구심을 가졌다. 결국 거짓 슬픔과 동정으로 사람들을 속여 왔다는 것이 발각되었고 마을에서 쫓겨났다.

Nine of Swords의 #해시태그

#가난 #학대 #굳은_마음 #가족_건사 #어머니와_막내의_죽음 #슬픔 #신사의_도움 #슬픔의_요령
#거짓_슬픔 #동정유발 #소득 #귀족과_결혼 #거짓_들통 #추방

"오늘은 조경을
어떻게 바꿀까?."

9

Nine of Pentacles

**정방향
이야기**

그렇지 않아도 돈이 많은 펜타클에서 돈이 많기로 유명한 상인의 부인이 있었다. 남편과 같이 무역을 하며 힘든 날을 보낸 건 잠시 모든 나라에 자신의 물건을 교역하게 되고 대부호가 되었다. 많은 직원이 함께했기에 부인은 점점 할 일이 없어졌다. 그래서 예전부터 꿈이었던 정원을 꾸미기 시작했다. 처음엔 작은 포도나무에서 시작한 정원은 이제는 놀라울 정도로 커졌다. 부인은 정원에 아무나 들이지 않았다. 아니 아무도 들이지 않았다. 부인은 자신만의 평화로운 공간으로써 정원을 누렸다.

**역방향
이야기**

정원에 많은 돈이 들어간다는 것을 알게 된 사람들은 부인에게 정원 조경 디자인을 빌미로 많은 돈을 받아냈다. 단순한 나무 조경을 하면서 금값보다 비싸게 받아냈다. 부인은 돈이 많았기에 그런 것에 개의치 않고 자신의 만족감을 위해 계속 조경을 바꿨다. 전혀 생산적이지 않은 취미활동에 너무 많은 돈이 들어가서일까? 남편의 사업은 점점 흔들렸고 부인은 정원 유지비용을 줄일 수밖에 없게 되었다.

Nine of Pentacles의 #해시태그

#갑부상인 #그의_부인 #무료함 #정원 #거대한_정원 #혼자만의_즐거움 #돈냄새 #과도한_청구
#개의치_않는_부인 #비생산적_활동 #남편_사업_위기 #유지비용_축소

10

10은 격변의 숫자이다. 본래 10은 없는 숫자이고 신성한 숫자이다. 1~9까지의 의미를 포괄적으로 담고 있는 숫자이기 때문에 신성한 숫자로 여겨진다. 타로에서는 1~9까지의 카드들의 종합적인 내용을 다루기에 격변의 숫자로 이야기한다.

성공을 추구하는 환경이 도리어 실패를 만들고, 행복을 추구하는 환경이 도리어 불화를 만들고, 권력을 추구하는 환경이 도리어 고독을 만든다. 이익을 추구하는 환경이 사람을 게으르게 하고, 삶의 미덕과 최고의 가치관들이 실제로 우리의 삶에 좋은 영향만 끼치는 것이 아니라는 것을 시사한다.

완드는 불의 속성으로 자신의 자부심을 우선시한다. 완드 10의 격변은 자부심을 지키기 위해 성공을 추구하는 것이 당장은 자신의 가치가 높아진 느낌이 들지만 실제로 자신의 가치를 스스로 평가하지 못하는 꼴이 될 수 있다는 의미를 가진다.

컵은 물의 속성으로 감정을 우선시한다. 컵 10의 격변은 감정을 우선시하여 행복을 추구해 얻은 즐거움이 당장은 자신의 기분을 좋게 해도 언제까지 즐겁게만 지낼 수 없다는 의미를 가진다.

소드는 공기의 속성으로 자신의 승리를 우선시한다. 소드 10의 격변은 권력을 추구해 불신을 가진 것이 당장은 안전하다고 여기겠지만 결과적으로 자신도 불신당하고 배신당할 여지를 만든다는 의미를 가진다.

펜타클은 땅의 속성으로 이익을 우선시한다. 펜타클 10의 격변은 이익을 추구해 얻은 것들은 당장은 자신의 소유물이지만 또 다른 이의 소유물이 될 수 있다는 의미를 가진다.

10

"더 많이.
더 빨리."

Ten of Wands

정방향 이야기

수많은 완드를 짊어지고 가는 남자는 완드의 현재 상황을 상징한다. 완드는 일하는 것이 미덕이고 성공의 잣대는 얼마나 많은 일을 하고 있느냐이며, 자랑거리는 많은 일을 성공적으로 이끌어가고 있는지였다. 자연스럽게 일이 많은 사람이 많은 권력과 힘을 가지게 되었다. 이 때문인지 완드 사람들은 성공이라는 단어를 매우 좋아하며 이를 위해 일을 거절하지 않았다. 일을 거절하는 것은 수치이며, 겁쟁이이고, 약자임을 대변하는 꼴이었다. 그 때문에 완드 국민들은 자국에서뿐만 아니라 타국에서도 수많은 일을 맡아서 하게 되었다. 어떤 일이든 개인이 수용할 수 있는 일의 개수가 있었고 사람마다 그것을 해결하는 능력 범위가 있었다. 완드는 모르지만 다른 나라는 완드의 이런 태도가 오히려 국력을 낮추고 있음을 알고 있었다.

역방향 이야기

만약 완드가 국민의 능력을 점검하고 효율적으로 의뢰를 받아 공정하게 분배하는 정책을 썼다면 완드는 크게 성장했을 것이었다. 일을 많이 하고 많은 책임감을 가지고 있다는 것은 그만큼 능력을 인정받았다는 것이고, 가치가 높다는 것을 증명하지만 오히려 하나의 일도 제대로 못 하는 꼴이 될 수도 있었다. 하나의 일이라도 즐겁게 하고 휴식과 일을 병행했다면 좀 더 성공적인 결과를 얻지 않았을까?

Ten of Wands의 #해시태그

#완드의_현상황 #무리한_일 #능력과_성공 #거절을_모름 #능력의_범위 #과도한_노력이_오히려_짐 #효율적_분배 #노력과_책임감 #일과_휴식의_병행

"우리는 행복한 가족이야.
좀 더 화목해 보이도록 해보자!"

10

Ten of Cups

정방향 이야기

행복해 보이는 이 가족은 컵을 상징한다. 컵은 행복이 미덕이고 즐거움이 성공의 잣대이며, 얼마나 유희를 잘 즐기는지가 자랑이었다. 자연스럽게 잘 놀고 즐기는 사람이 많은 권력과 힘을 가졌다. 컵의 국민들은 행복을 잃는 것에 매우 큰 두려움을 가졌다. 그래서 행복을 위해서라면 수단과 방법을 가리지 않았다. 그것이 현실과 동떨어진 방법이었어도 말이다. 그래서 컵에서는 가족, 연인, 친구 등 인간관계를 우선시하고 이 관계를 위한 복지와 혜택이 많이 있었다. 언제나 컵은 화목하고 친절하며, 인간관계가 돈독했다.

역방향 이야기

인간관계를 중시하다 보니 컵의 국력은 다른 나라에 비해 현저하게 낮았다. 그뿐만 아니라 인간관계가 항상 일정하게 유지되는 것이 아니기 때문에 화목하고 행복할 때도 있었지만 불화도 자주 일어났다. 힘을 얻기 위해 잘 즐기는 듯 보이는 요령을 갖추고 화목한 가정처럼 보이는 것을 우선시했고 친구 관계에서도 겉모습만 돈독한 관계를 유지하게 되었다. 그럴수록 이들의 스트레스는 더욱 쌓여갔다. 만약 컵이 좀 더 현실적인 부분을 독려하고 인간관계에 주안점을 두기보다 관계 형성의 장점을 이용해 또 다른 이익을 추구하는 방향으로 진로를 잡았다면 이런 쌓여있는 불화가 터지기 전에 조금은 진정되지 않았을까?

Ten of Cups의 #해시태그

#행복 #즐거움 #유희 #인간관계 #화목하고_친절 #돈독 #낮은_국력 #불화도 #겉모습만_화목
#스트레스 #현실적인_부분_독려 #불화_점화

"사람을
믿어도 될까?"

Ten of Swords

**정방향
이야기**

등에 칼이 박혀있는 남자는 소드를 상징한다. 소드는 불신을 가지는 것이 미덕이고 성공의 잣대는 권력이며, 자랑거리는 얼마나 힘이 있는가였다. 자연스럽게 강하고 폭력적인 사람이 힘을 가졌다. 소드 국민들은 서로를 믿지 않았으며 서로에 대한 관심을 경계하고 어떻게 하면 배신과 합리적 폭력을 행할 수 있는지 궁리했다. 그래서 소드 국민들은 매우 폐쇄적일 수밖에 없었고 각자가 심한 우울증에 시달리며 심리적 위안을 받을 수 없기에 고독했다. 조금이라도 신뢰를 하면 바로 실망과 절망으로 이어지는 나날을 보내게 되었다.

**역방향
이야기**

그럼에도 불구하고 소드의 국력은 가장 강했기 때문에 이런 환경을 좌시할 수밖에 없었다. 이런 환경이 강한 병사를 만들고 강한 정신을 만든다고 믿었기 때문이다. 만약 상대방을 불신하고 배신하기 이전에 자신이 할 수 있는 일이 무엇인지 살펴보고 혼자서 할 수 있는 일이 생각보다 많지 않다는 것을 알았면 조금은 신뢰가 생기지 않았을까? 일시적일지라도 조금은 이들의 인식이 바뀌어 이들이 가진 고독과 슬픔, 열등감이 안정되지 않았을까?

Ten of Swords의 #해시태그

#칼 #힘 #권력 #폭력 #상대에의_관심_경계 #폐쇄적 #불신 #우울증 #고독 #실망과_절망 #강한_국력 #강한_병사 #배신 #혼자_할_수_있는_일 #신뢰_가능성

"어차피 아버지가 돈이 많아서
일 안 해도 돼."

10

Ten of Pentacles

**정방향
이야기**

멋진 집에 모여 있는 이 가족은 펜타클을 상징한다. 펜타클은 이익을 추구하는 것이 미덕이고 성공의 잣대는 재력이며, 자랑거리는 얼마나 자신이 안정적인 생활을 하는가였다. 자연스럽게 재력이 권력으로 이어졌다. 펜타클 국민들은 적은 손해와 많은 이익이 보장된 투자를 선호했다. 그래서 부동산과 은행을 신뢰하는 게 관습이었다. 돈이 권력인 탓에 돈을 개인이 쥐고 있으려는 욕심이 상당히 많았다. 그래서 가족 이외에는 함부로 돈을 풀지 않았다.

**역방향
이야기**

돈이 힘인 나라이다 보니 돈을 원하는 사람이 많았고, 어렵고 힘들게 돈을 벌기보다 쉽고 간단하게 돈을 버는 방법을 많이 연구했다. 그중 위험하지만 가장 쉬운 방법으로 손꼽히는 것이 절도와 상속이었다. 펜타클에는 절도가 매우 많았다. 그리고 부모의 돈을 물려받는 경우가 많았는데 펜타클에서는 상속세를 내지 않았기 때문에 상속에 대한 다툼이 정말 심했다. 세금을 받는 정책을 실행하려고 해도 많은 권력자가 반대하고 나섰기에 실효가 없었다. 돈으로부터 자유로웠다면 좀 더 많은 것을 보고 느낄 수 있었을 테고 숫자로 된 대화보다 더욱 유익한 삶을 살 수 있지 않았을까?

Ten of Pentacles의 #해시태그

#행복한_가족 #이익추구 #성공 #안정적_생활 #재력 #투자 #부동산과_은행 #욕심 #절도 #상속
#상속세_없음 #상속분쟁 #돈으로부터의_자유

해시태그로 다시 되새겨보는 핍 카드(마이너 아르카나)

1 *Ace*

Ace of Wands의 #해시태그

#신들의_보호 #과잉_보호 #신들이_떠남 #자립 #시행착오 #창조 #새로운_기회 #경쟁_의식 #질투와_다툼 #자부심과_싸움 #경쟁심과_성공

Ace of Cups의 #해시태그

#신을_그리워함 #신에_대한_사랑을_동료_인간에게로 #감정의_발생 #의지와_위안 #애정과_사랑 #감정의_이해 #가치관의_차이 #사랑과_짝사랑 #배반과_불륜 #악감정의_발생 #고통과_교육

Ace of Swords의 #해시태그

#계급의_탄생 #싸움 #약육강식 #완벽한_독립 #신의_위치 #승리 #갈등과_폭력 #계산 #지위에_따른_힘 #중독 #승리가_목적 #폭력 #규칙 #승리와_계급

Ace of Pentacles의 #해시태그

#쟁취와_착취 #싸움의_규모 #자원_고갈 #전쟁과_자원 #자원배분의_규칙 #자원의_거래 #자원의_시대 #자원중심의_사회 #편견과_차별

2 *Two*

Two of Wands의 #해시태그

#영토 #집단과_동료 #문화와_영광 #일하는_즐거움 #강성_국가 #문화_융성 #불만족 #동료들의_안일함 #혼자서는_힘듦

Two of Cups의 #해시태그

#잠깐의_대화 #깊은_공감대 #감정의_확고함 #약혼 #사소한_오해 #갈등과_다툼 #집안_문제로_비화 #파혼 #이별

Two of Swords의 #해시태그

#마지막_여신 #폐쇄적인_소드 #무력분쟁에_취약 #교육 #교육관 #냉철한_판단 #승리_추구 #여신의_조언 #승리감은_열등감에서_비롯 #섬으로_유배 #인간에_대한_믿음을_놓음

Two of Pentacles의 #해시태그

#무역상 #무역수완 #큰부자 #상식밖의_투자 #엉뚱한_일처리 #긍정적_대처 #능수능란한_처리 #도박_같은_투자 #위험한_줄타기 #고수익

3 Three

Three of Wands의 #해시태그

#석양의_바다 #호기심 #모험가 #땅끝 #대륙모험 #새로운_경험 #다양한_삶 #희망의_물거품 #거대한_물세상 #물_위의_구조물 #물세상의_사람들 #위압감 #자존감_상실

Three of Cups의 #해시태그

#오해가_있던_친한_친구들 #다름에_대한_이해 #공감의_폭_확장 #화해의_파티 #깊어진_신뢰 #과음 #의무의_망각 #다른_오해의_발생

Three of Swords의 #해시태그

#무질서 #파국 #오해 #질투 #불안감 #패배자의_인내 #계급_격차 #각자도생 #불신 #탈출 #정보보호 #국경선 #분쟁 #전쟁의_조짐

Three of Pentacles의 #해시태그

#조각가 #성당건축 #종교단체 #최고_권력자 #명성 #열의 #욕심 #시그니처 #설계도처럼 #완강한_거부

4 Four

Four of Wands의 #해시태그

#캐노피 #결혼식 #평화의_큰잔치 #안전과_보호의_서약 #결혼준비_완료 #결혼에_대한_막막함 #결혼의_부담감 #하객들의_다툼 #파혼

Four of Cups의 #해시태그

#내성적인_남자 #즐거움보다_도리 #올곧은_행동과_신념 #재미없는_사람 #외로움 #다른_종족 #실망 #생각을_바꿈 #공감을_넓히자 #교양_있는_즐거움 #지성인의_공간 #지성인의_규칙 #권력자의_선호 #인기_상승

Four of Swords의 #해시태그

#승리의_광기 #오랜_전쟁 #부족한_물자 #소드의_휴전 #물자충족_정책 #상인_득세 #기사_몰락 #기사의_분노 #질투와_시기심 #으름장 #상인의_지혜 #한마디 #사기_충천 #자율훈련

Four of Pentacles의 #해시태그

#머리_가슴_양발 #욕심 #눈앞의_이익 #소드와_불화 #소드의_성장 #뒤늦은_후회 #불안감 #소탐대실

5 *Five*

Five of Wands의 #해시태그

#다른색_옷 #다른_주장 #같은_완드 #다른_가치관 #자존심_논쟁 #지나가는_노인 #똑같은_완드 #너털웃음

Five of Cups의 #해시태그

#사랑받는_미남 #이성에의_자신감 #사랑에_빠짐 #무관심한_여자 #스토킹 #강에_빠진_여자 #수영을_못함 #두려움 #장례식 #무의미와_허무 #허무의_극복 #수영을_배우고 #용기를_익히자

Five of Swords의 #해시태그

#실전감각_대련 #내기_대련 #검을_걸고_대련 #대련_금지 #승승장구 #개인의_이익 #영리하고_요령있게 #반칙 #전쟁_준비 #군대에서_배척 #외톨이

Five of Pentacles의 #해시태그

#빈부격차 #도박 #요행 #대부호의_실패 #도박실패 #패가망신 #부상 #모든_것을_잃음 #아내 #남편을_저주 #불쌍한_마음 #생업전선 #성전과_성직자

6 *Six*

Six of Wands의 #해시태그

#경계_너머 #미지의_구역 #두려움 #모험단 #성공적_귀환 #승리의_월계관 #영역_확장 #미귀_환자 #미귀환자의_희생과_영광 #현재의_태세 #추모와_영광

Six of Cups의 #해시태그

#아름다움 #사과꽃 #향기 #거울 #미모 #강인함 #친절함 #지식과_지혜 #업적 #실망감 #당혹 #추행 #두려움 #불면 #착취 #아사 #현자 #절연 #분노 #악마 #죄책감 #소녀 #사과꽃이_나쁘다 #각성 #빨간_후드_소년 #컵꽃_선물

Six of Swords의 #해시태그

#전쟁_발발 #정세_통찰력 #전쟁의_직감 #가족과_도피 #배_한척_ #안도의한_숨 #맞은편의_적선 #발각되면_죽음 #절망

Six of Pentacles의 #해시태그

#성공한_남자의_기부 #거리_기부 #인망 #고마운_마음 #상부상조 #기부_절세 #친절과_부담 #설득과_요청 #내_물건을_써주길

7 *Seven*

Seven of Wands의 #해시태그

#승리의_장군 #장군의_아들 #청년의_노력 #아카데미_우등생 #인간의_범주 #열등감 #비교 #자격지심 #한계체감 #걱정과_압박 #역량의_한계

Seven of Cups의 #해시태그

#뒷골목_광대 #상류사회_동경 #관찰 #그들의_여유와_아름다움 #부러움 #질투 #반성 #비참함 #차이가_없음 #부러움의_한계 #현실적_방안 #모색

Seven of Swords의 #해시태그

#서커스_단원 #단장의_잔소리 #겁쟁이_단장 #단원의_불만 #사건 #칼_서커스 #모조_칼 #소문 #두려움 #당혹의_사건 #칼도둑 #체포 #형벌

Seven of Pentacles의 #해시태그

#펜타클_열매 #펜타클_농사 #연구와_실험 #유능한_농부 #유명세 #욕심 #낙과 #실패 #나머지_한_개의_실패 #그것에_대한_조바심 #평정심_유지_실패

8 *Eight*

Eight of Wands의 #해시태그

#부지런한_국민 #자부심과_열정 #목표갱신 #노력 #완드만큼의_목표 #무리한_설정 #빠른_성장 #일과_휴식 #무리한_목표 #휴식은_사치 #번아웃 #급성서 #발선 #사고 #희생과_비용

Eight of Cups의 #해시태그

#열등감 #완벽주의자 #꼼꼼함 #아니면_포기 #컵_쌓기 #8개의_컵 #완벽_불가 #여행자 #6개_삼각형 #10개_삼각형 #고민_해결

Eight of Swords의 #해시태그

#버림받은_여인 #기구한_운명 #떠돌이_인생 #엄격한_소드 #스파이_혐의 #오해 #고문 #추방 #칼로_위협 #가린_눈 #두려움의_부동

Eight of Pentacles의 #해시태그

#원석 #세공기술자 #조각가 #많은_의뢰 #기계적 #한가지_패턴 #창작물 #비인기 #창작물_강매 #수입은_좋았으나 #손님_감소 #손해

9 *Nine*

Nine of Wands의 #해시태그

#휴전협정 #평화시대 #완드의_전직군인 #외상후스트레스 #불안감 #전쟁대비 #상처에_붕대 #강박 #정신적_고통 #허술한_대비 #전쟁준비로_오해 #정치문제_비화 #국가의_제지 #정신치료

Nine of Cups의 #해시태그

#외모와_정치력 #비인기남 #요령터득 #약점공략 #장점감지 #심리조종 #인맥보유 #평화와_풍요 #자신감 #요령의_한계 #관계파괴 #마음의_병

Nine of Swords의 #해시태그

#가난 #학대 #굳은_마음 #가족_건사 #어머니와_막내의_죽음 #슬픔 #신사의_도움 #슬픔의_요령 #거짓_슬픔 #동정유발 #소득 #귀족과_결혼 #거짓_들통 #추방

Nine of Pentacles의 #해시태그

#갑부상인 #그의_부인 #무료함 #정원 #거대한_정원 #혼자만의_즐거움 #돈냄새 #과도한_청구 #개의치_않는_부인 #비생산적_활동 #남편_사업_위기 #유지비용_축소

10 *Ten*

Ten of Wands의 #해시태그

#완드의_현상황 #무리한_일 #능력과_성공 #거절을_모름 #능력의_범위 #과도한_노력이_오히려_짐 #효율적_분배 #노력과_책임감 #일과_휴식의_병행

Ten of Cups의 #해시태그

#행복 #즐거움 #유희 #인간관계 #화목하고_친절 #돈독 #낮은_국력 #불화도 #겉모습만_화목 #스트레스 #현실적인_부분_독려 #불화_정화

Ten of Swords의 #해시태그

#칼 #힘 #권력 #폭력 #상대에의_관심_경계 #폐쇄적 #불신 #우울증 #고독 #실망과_절망 #강한_국력 #강한_병사 #배신 #혼자_할_수_있는_일 #신뢰_가능성

Ten of Pentacles의 #해시태그

#행복한_가족 #이익추구 #성공 #안정적_생활 #재력 #투자 #부동산과_은행 #욕심 #절도 #상속 #상속세_없음 #상속분쟁 #돈으로부터의_자유

타로-매트릭스로 이해하는
팁 카드 심화 해석

        4원소와 마찬가지로 각각의 숫자들을 하나하나 이해하는 공부는 타로를 해석하는 데 매우 많은 도움이 된다. 상식적인 수준에서의 수비학 숫자들의 의미는 조금만 노력하면 알 수 있다. 여기서는 피타고라스의 수비학과 카발라의 세피라를 좀 더 세밀하게 알아볼 것이다. 1부터 10까지의 숫자를 헬라어와 세피라 두 가지 유형으로 살펴 볼 것이다. 각 숫자에 해당하는 명칭은 첫 번째는 헬라어, 두 번째는 히브리어, 즉 세피라에 해당한다. "1" 모나드(Monad), 케텔(Kether)에서 모나드는 헬라어, 케텔은 세피라를 뜻한다.

Ace 1

모나드(Monad), 케텔(Kether)

피타고라스는 숫자 1을 숫자로 보지 않았다. 그는 숫자 1을 아버지와 지혜의 상징으로 여겼으며 모든 숫자의 기본원리라고 제시했다.

모나드의 형태는 원안에 점을 찍어 표현한다. 원은 세계를 이루고 있는 우주 전체를 상징하며,

그 안에 있는 단 하나의 '영혼'을 모나드라 부르고 이를 숫자 1이라 표현했다. 모나드는 온 우주에 존재하는 모든 물질과 생물들이 같게 보일지라도 그 안에 존재하는 의미와 개념은 단 하나의 개체인 '영혼'으로 분류할 수 있음을 의미한다.

세피로트의 나무에서의 모나드는 케텔이다. 케텔은 그 자체 안에 다른 세피라들을 모두 담고 있다. 이런 케텔은 모나드와 마찬가지로 단일 인식체계인 '영혼'이므로 분리할 수 없으며, 합치더라도 결국 숫자 1의 의미로 종결되는 모든 숫자의 아버지이다.

숫자 1이라는 개념이 가지는 점술로서의 의미는 긍정적이고 적극적인 것을 근본으로 하고 있다. 외부적 에너지로는 하나의 영혼을 나타내지만, 이 개념이 내면으로 들어가게 되면 자존감과 자존심을 나타내게 되고 그로 인해 발현되는 형태인 실증주의, 자기중심적, 고립, 자립의 형태로 나타난다. 신학적 의미에서는 하나님을 말하며 점성학적으론 태양을 의미한다.

Two 2

디아드(Dyad), 호크마(Hokmah)

모나드는 하나의 원안에 점으로 표현된다. 이 점은 계속 혼자 있을 수 없다. 안정될 수 없는 상태이며, 기반이 없는 상태이기 때문에 당연하게 변화를 시도하게 된다. 모나드는 순수한 개념이기 때문에 원 안쪽에 있는 모든 것들이 모나드를 건드리고 모나드는 이에 반응한다. 이 지속적인 충돌과 진동 때문에 모나드가 변화를 시작하게 되며 특정한 방향성을 가지게 된다. 디아드, 숫자 2는 하나의 점에서 두 개의 선으로 뻗어 나가는 그림으로 묘사된다. 이는 양극과 음극을 상징하고, 선과 악을 상징하며 모든 물질의 이원성을 나타낸다. 모나드에 존재하는 영혼이 다양한 방향을 선택하며 나아가는 디아드는 존재하지 않고 분리되지 않는 모나드를 분리하게 만드는 최초의 숫자이다. 따라서 순수한 모나드는 신으로 여겨졌지만 실제로 이런 신을 조절하는 '지혜'는 디아드가 가지게 된다. 디아드는 지식의 시작을 의미하는데 여기서 발생하는 지식은 모나드의 모호한 존재에 '의의'를 둠으로써 발생하게 된다.

숫자 2는 세피로트 나무에서 호크마에 해당한다. 유클리드의 정의에 따르면 점은 좌표를 가지지만 공간을 가지지 않는다. 이 점이 공간을 가지기 위해선 확장이 필요하다. 이를 다이온 포춘의 미스티컬 카발라에서는 '치켜든 능력의 지팡이'로 묘사하며, 동적 에너지의 시작이라고 제시한다. 디아드와 호크마가 가지는 의미는 모나드와 케텔에서 파생되는 대립과 선택의 형태를 흐름과 에너지로 보여주는 역할을 한다는 것을 알 수 있다.

Three 3

트라이어드(Triad), 비나(Binah)

트라이어드는 모나드로 존재하는 물질이 디아드를 통해 방향성을 가지고 물질의 형태로 발현되는 지점을 이야기한다. 트라이어드는 정삼각형으로 표현한다. '점(Point)'인 모나드에서 '선(Line)'인 디아드를 통해 '도형(Figure)'을 만들게 된 것이 트라이어드이다. 일반적으로 숫자 3을 완성된 숫자로 많이 알려져 있다. 모나드는 순수하고 순백하지만, 형체가 없고 본질에 의지가 없다. 이 모나드 안에 있는 발생 의지를 불어넣는 디아드가 존재하지 않을 때까진 그렇다. 이 의지를 디아드가 불어넣었을 때 모나드의 점은 형태를 잡기 위해 발버둥 친다. 그러나 디아드의 선택적이고 동적인 에너지는 확장만을 요구할 뿐 안정되진 못한다. 디아드의 에너지가 안정되는 시점은 그 디아드의 이원성을 모두 받아들이는 상태가 되었을 때며 그것의 형태가 트라이어드이다. 모나드가 창조주를 표현한다면 트라이어드는 실제 신의 형태를 의미하는데 디아드의 이원성을 받아들인 최고의 사랑의 형태로 여겨졌다. 1은 기초가 부족하며 2는 꾸준함이 없고 3은 이들을 지탱해준다. 이런 삼각 구도를 뚜렷하게 사용한 건축물은 피라미드이며, 연금술에서의 '불' 또한 삼각형으로 표현한다.

카발라에서 트라이어드는 비나이다. 비나는 트라이어드의 이해에서 조금 초점을 달리해야 한다. 앞서 말한 대로 수비학은 숫자 순서에 의존하여 이해하는 것이 수월하다. 그러나 카발라는 숫자의 순서에 의존하지 않는다. 모나드는 반드시 디아드가 있어야 트라이어드가 된다. 그러나 케텔은 호크마가 없이도 비나가 될 수 있다. 정확히 말하면 케텔 호크마 비나의 역할이 순차적인 것이 아니라 각각의 위치적 의의가 있다.

케텔은 절대적 순백의 영혼이다. 호크마를 통해 그 에너지의 발현이 절대적 지혜로 만들어진다. 그런데 여기서 비나의 개입을 통해 호크마로 향하는 에너지를 상대적으로 거부하게 된다. 따라서 비나를 카발리스트들은 '악'으로 치부한다. 여기서 수비학과 카발라의 차이가 도드라진다. 이 지점에서 호크마의 에너지가 과연 절대 선일 수 있는가에 대한 의문이 생기는데, 호크마는 절대 수치로서의 선악이 아닌 상대 비교에 의한 '선악'이라는 개념으로 이해하는 것이 옳다. 따라서 비나의 의미가 단순 악이 아닌 슬픔과 침묵, 탐욕의 덕목이 있지만 이런 부정적 욕구들이 물질들의 균형을 이루게 되는 뒷면으로서 그 의의가 있다.

타로에서 핍 카드의 숫자 3이 가지는 조화와 균형 그리고 안정감은 단순히 수비학의 트라이어드가 가져온 것만은 아니다. 핍 카드의 2번들이 가져온 방황과 열의를 냉정하게 잡아주는 악역이 트라이어드와 비나이며 실제로 물질로 형상화되었을 때의 안정감은 결과물이다.

Four 4

테트라드(Tetrad), 헤세드(Hesed)

모나드에서 시작해서 트라이어드까지 진행되면 하나의 삼각형 및 물질이 만들어진다. 이 물질은 순수한 근원이자 분자이다. 이 물질이 실제로 사용되기 시작하는 시기가 숫자 4인 테트라드이다. 1차원 개념이 2차원을 거쳐 3차원 시점으로 확장되면서 1, 2, 3이라는 숫자의 형태가 삼각형으로 만들어지는데, 이 시점에서는 1도 '1'이고 2도 '1'이며 3도 '1'로 만들어지게 된다. 각 숫자는 원래 자신의 숫자 에너지는 포함하면서, 새롭게 위치에너지도 가지게 된다. 이것이 플라토닉 솔리드의 '불' 즉, 트라이어드에서 삼위일체가 되며 이것이 확장하면서 '테트락티스'라고 불리며, '테트라그람마톤 Tetragrammaton'이라 불리는 진정한 삼위일체의 진동을 의미하게 된다. 피타고라스는 테트라드를 정사각형으로 표현했으며, 이 4라는 숫자가 세상을 이루는 최초의 지성을 나타낸다고 생각했다. 동서남북의 4방위, 불, 물, 공기, 땅(흙)의 4원소, 점, 선, 평면, 도형의 4가지 기하학적 형태, 기하학, 천문학, 음악, 수학의 4가지 교양 등등. 인간이 본능적으로 깨달은 것이 아닌 규칙과 교육, 생각하며 만들어낸 최초의 것들은 4가지로 이루어져 있다.

세피로트에서 숫자 4는 헤세드로 불린다. 헤세드는 케텔 호크마 비나에 의한 삼위일체의 에너지를 이어받은 첫 번째 세피라이다. '자비 (Mercy)'로 불리며, 수용적인 자세를 가진다고 알려져 있다. 이 헤세드는 실제 수용적인 자세를 가지고 있지만, 그 에너지 발현은 가히 강력하다. 엄밀히 말하면 수용적인 자세를 가질 수밖에 없는 위치에 존재하는 것일 뿐 존재 자체가 수용적인 에너지를 가지는 것은 아니다. 헤세드는 물질이 만들어지는 기본구조를 확립하려 하는 에너지를 말한다. 즉, 기본구조를 만들어 놓으려는 에너지 자체는 능동적이다.

핍 카드들에서 숫자 4에 대한 오해가 많다. 컵+4를 이해하고 해석할 때 무의식중 '무기력', '후회' 등으로 인지하고 접근한다. 이는 웨이트-파멜라에 의한 '권위자의 오류'에 의한 폐해이다. 물론 이런 접근 방식이 틀린 건 결코 아니다. 결국 물의 원소가 숫자 4의 에너지를 받아들인 에너지를 '인간'이 느끼면 후회의 감정이 생기는 것이 맞다. 그러나 그 후회의 감정은 '인간'으로 한정된다. 왜 후회라는 감정으로 인간이 그것을 느끼게 되었는지를 인지하지 않는다면 해석의 한계가 드러날 것이다.

Five 5

펜타드(Pentad), 게부라(Gevura)

피타고라스의 숫자 5는 '평형'을 말한다. 10인 데카드를 신성으로 보았는데, 이것의 절반인 5를 여신 또는 반신(半神)인 현자의 숫자로 보았다.

숫자 5인 펜타드의 상징은 5각형이 펜타클(Pentacle)이다. 이 펜타클 도형은 각각의 꼭짓점인 모나드에서 뻗어 나오는 디아드들이 트라이어드를 만들지 못하고 있어 난잡하게 뻗어 나가는 형태를 가진다. 그러나 이 난잡한 디아드의 방향성을 단지 5개의 모나드로 잡아준다. 모든 만물이 완성의 궤도에 올라가려면 반드시 트라이어드가 존재해야 한다. 기하학적 구조로 만들어도 반드시 트라이어드가 존재하게 된다. 반대로 말하면 트라이어드가 없는 도형은 완성될 수 없다는 것을 말한다. 그러나 단 하나 트라이어드가 없어도 도형을 만들 수 있는 유일한 것이 펜타클이다.

펜타드는 모나드와 디아드로만 이루어진다. 5개의 모나드는 인간의 신체 부위인 머리, 손, 발을 의미한다. 디아드는 이런 모나드의 균형을 잡게 하려는 뼈대와 같은데 디아드의 에너지의 근본은 방향성이기 때문에 트라이어드에 비교하면 부실한 뼈대가 될 수밖에 없다. 따라서 쉽게 망가질 수 있는 젤리 형태를 가지고 있어서 이를 물리적 실체보다는 영체에 비유를 많이 한다. 펜타드는 인간의 정신적 측면의 완성자이다. 이 펜타드가 거꾸로 표현되면 기하학적 의미가 크게 변질되게 된다. 펜타드의 제일 위 꼭짓점은 신성을 받아들이는 인간의 머리를 말한다. 이 머리가 아래로 내려오게 되면 그 의미는 신의 성스러움을 자신의 영혼으로 받지 않고 육체로 받겠다는 의미가 된다. 이는 육체적인 욕구인 성욕으로 해석이 파생되게 된다.

숫자 5의 수비학은 펜타드이고 세피라는 게부라라고 부른다. 핍 카드의 5번의 표상이 게부라와 같다. 펜타드는 인간 이외의 것에서 오는 신성함을 말한다. 이것이 인간 내부에서는 매우 고약한 냄새를 가지게 된다. 게부라는 '자비'로 불리는 헤세드를 조율하는 역할을 한다. 헤세드가 수용적인 형태를 가질 수밖에 없는 이유는 게부라가 헤세드의 능동성을 억제하기 때문이다. 펜타드는 신성을 받아들이기 위한 인간이 만들어낸 하나의 상징물이지만 실제 이 펜타드를 만들어내기 위해 인간이 행하는 것은 게부라이다. 게부라의 다른 이름은 '파괴자'다. 이 세피라의 역할은 헤세드에서 만들어서 나온 생산물 중 불필요한 것을 파괴하는 것이다. 이 게부라에 대한 이해는 몹시 어렵다. 이를 이해하기 위해선 기본적인 편견에서 벗어나야 한다. 게부라에서 나타나는 냄새는 고약함이 사실이지만 이 고약함은 한방약과 같은 고약함이다. 우리가 아프지 않다면 굳이 찾아서 먹지 않을 쓴 약과 같다. 인간은 항상 본인이 건강하고 정상인 것으로 착각한다. 그러므로 게부라는 매우 악덕한 세피라로 오해한다.

핍 카드의 5번을 '악'이라고 생각하면 안 된다. 앞서 말한 펜타드의 설명과 마찬가지로 해당 원소들의 잘못된 위치로 게부라가 옮겨주고 있는 현상을 이미지로 표현한 것이 타로의 5번 핍 카드이다.

Six 6

헥사드(Hexad), 티페레트(Tipereth)

헥사드는 '조화의 어머니'로 불린다. 수비학에서는 금성을 뜻하며 카발라에서는 모든 세피라를 조율하는 이미지를 가져 태양에 조응한다. 모나드와 디아드 그리고 트라이어드를 각각 더했을 때 나오는 환상적인 숫자로 테트락티스와 다른 개념에서 완성된 형태를 가진다.

물질 형성이 이루어진 트라이어드는 헥사드에 이르러 완성품으로 탈바꿈한다. 피타고라스가 제안한 헥사드의 표현형은 육각형으로 건실함과 단단함을 상징한다. 벌집의 육각형을 완벽한 건축물이라 표현했으며, 단순한 2차원의 방향성을 넘어 3차원적 방향성을 가지는 숫자이다. 카발라가 제안하는 영혼의 구조 또한 6개의 차원으로 이루어져 있다. 이런 영혼의 구조는 인간이 깨우쳐야 하는 목적지점과 같고 하나의 우주를 만들고 있으므로 카발라에선 태양을 이곳에 위치시킨다.

육각형은 작은 정삼각형 6개 또는 큰 정삼각형 2개로 이루어진다. 각각의 작은 정삼각형 6개는 트라이어드에서 만들어진 소재가 최소 6개가 모여야 정확한 물질을 만들 수 있음을 의미한다. 타로가 보여주려는 표상은 이런 6개의 소재 중 한 부분을 보여주는 것이며, 그 부분의 에너지가 과잉 또는 불충분하다는 것을 암시한다. 카발라의 7개 테트락티스의 고찰을 통해 모든 타로가 연결되어있음을 논증할 수 있다. 두 개의 큰 정삼각형은 작은 6개의 소재를 다루는 인간의 육체와 영혼을 구분해서 나타낸다. 이는 외부와 내부 또는 현실과 내면 등의 양면성을 가진다. 이렇듯 정삼각형 8개의 조합은 가장 이상적인 이론과 기술을 만드는 데 관여한다.

세피로트에서 숫자 6은 티페레트로 불리며 헥사드와 흡사한 의미가 있다. 숫자 6은 인간 내면에서의 조율을 말한다. 세피로트에서 티페레트는 세피리들의 정중앙에 있다. 마치 티페레트가 모든 세피라에 양분을 공급하는 형태처럼 보인다. 티페레트는 기본적으로 헤세드와 게부라가 조율된 형태를 가진다. 앞서 말한 헥사드의 작은 6개의 삼각형은 티페레트를 기준으로 하는 각각의 기둥에 있는 세피라 들이고 큰 정삼각형 두 개는 각각 케텔과 이소드를 말한다.

핍 카드에서의 숫자 6은 마치 각각의 원소가 완벽한 조율을 이루고 있는 형상으로 비친다. 그러나 4가지 원소 중 단 하나의 원소만이 완벽을 이루었다는 것은 극성을 가진 원소가 강력한 반작용을 하고 있을 가능성이 크기 때문이다. 따라서 수비학의 6이나 티페레트가 에너지 넘치는 신성한 에너지로 느껴질 수가 있지만, 실제 타로에서는 그 숫자의 의미에 미치지 않는 미지근한 효과만을 가져다준다.

Seven 7

헵타드(Heptad), 네자(Nezah)

피타고라스는 숫자 7을 영혼과 육체를 포함하고 있는 숫자로 여겼다. 본래 영혼과 육체는 각각의 매체로는 연결 지을 수 없다. 이 둘을 연결할 수 있는 수단이 숫자 7로 묘사된다. 헵타드의 형태는 정삼각형과 정사각형을 겹쳐놓은 모양을 가진다. 각기 다른 도형이 합쳐지는 형태는 헵타드가 유일하다. 헵타드는 생명의 수단으로써 의미를 부여하지만 좀 더 넓은 시야에서 본다면 연결고리 역할을 한다는 것을 눈치챌 수 있다. 피타고리안들은 숫자 7을 3+4를 기본으로 묘사한다. 남성의 숫자 3과 여성의 숫자 4의 합으로 서로 다른 형태의 영혼 결합의 수단으로써도 작용한다.

카발라에서의 숫자 7은 1+6의 설명을 더욱 견고하게 보충한다. 카발라에서 숫자 7은 네자에 속한다. 티페레트로 만들어진 조율된 아름다운 상품은 네자로 이동하면서 그 상품에 대한 과잉 홍보와 같은 상태가 된다. 즉 6+1의 상태로 전환된다. 외부(모나드)에서 들어오는 6개의 성스러운 빛을 인간이 받았을 때, 그 인간은 자신의 에너지에 고취될 것이다. 이런 상태가 티페레트 상태이다. 7번째 세피라는 이 티페레트 상태에 의해 발생하는 외압과 내압에 의해 에너지가 다시금 외부로 드러나는 상태를 말한다. 인간은 물질이 아니므로 에너지는 고정되지 않고 흐른다. 따라서 헵타드라는 에너지에 대한 개념이 매우 신성할지라도 그 개념은 고정된 물체에 깃드는 개념일 뿐이다. 인간에게 이 개념이 주입되면 '자신의 주제를 넘는 행동'으로 표출된다. 인간이 담을 수 있는 그릇은 한계가 있다. 이를 받아들이는 수위가 너무 높아져서 흘러나오는 모습이 네자이다. 그래서 핍 카드의 7번들은 대부분 부정적인 묘사로 표현되는데 이를 티페레트

에서 받아들였던 영광스러운 신성한 에너지 자체를 자신이 주체하지 못하기 때문에 발생하는
형태로 이해되어야 한다.

Eight 8

오그도아드(Ogdoad), 호드(Hod)

피타고라스는 1에서 10까지의 숫자 중 유일하게 오그도아드를 균등한 숫자로 여겼다. 오그도
아드는 테트라드인 숫자 4와 비교를 많이 하게 되는데 숫자 4 또한 균등한 숫자로 오해할 수가
있기 때문이다. 숫자 4는 2차원에서의 균등함을 보여주기 때문에 실제 숫자 4의 에너지는 다
소 이론에 가깝게 여겨진다. 그러나 숫자 8의 에너지는 입체적 균등함이기 때문에 실생활에 적
용하거나 그 의미를 추론하기 쉬워 논리적인 설명이 가능했기에 유일한 균등 숫자로 정의한 것
이다. 오그도아드의 상징 도형은 큐브, 정육면체이며 이 도형의 상징적 의미는 '거울'로 알려져
있다. 한쪽은 다른 쪽과 같지만 반대 방향의 에너지를 보여줌으로써 전체적인 흐름을 균일하게
맞추게 되는 원리이다. 그래서 오그도아드는 영원한 지혜 우로보로스와 무한을 상징한다. 이런
일련의 흐름은 시간과 흡사하기 때문에 시간을 상징하기도 한다.
카발라에서 8번째 세피라인 호드는 이런 '거울'의 상징적인 면에 대한 인간 처지에서의 비판적
시야로 조명하여 나타난다. 호드는 네자의 과도한 에너지를 중재하기 위한 음의 에너지이다.
겉으로 보이는 한쪽 면과 실제 자신의 다른 쪽 면인 영혼은 분명한 차이가 있다. 이를 심리학적
인 개념으로는 원초아와 초자아의 차이일 것이다.

Nine 9

엔네아드 (Ennead), 이소드(Yesod)

피타고라스는 엔네아드를 설명할 때 '바다와 지평선'이라는 문구를 많이 사용했다. 여기서 바다는 모든 것을 포함하고 있는 어머니의 상징이며 지평선은 끝이 없음을 묘사하려 한 상징이다. 이 지평선을 넘으면 숫자 10이 보일 것이고 실제 이 숫자 10은 우리가 볼 수 없으므로 실제 숫자는 1~9까지 존재한다고 여겼다. 고대에는 지평선을 보며 넘을 수 없는 무한의 공간으로 여겼고, 이를 넘어가는 시점이 새로운 물질이나 세계를 맞이할 수 있다고 여겼기 때문에 시작 수로 여겼다. 이는 후에 숫자 10이 신성한 숫자가 아닌 격변의 숫자로 변화하며 시작의 수의 개념에서 환생의 수의 개념으로 변하게 된다.

엔네아드의 상징물은 삼각형 3개가 겹쳐있는 모습이다. 세계를 구성하는 3가지의 조건인 물, 불, 땅이 각기 트라이어드를 이룬 상태로 결합한 것을 묘사한다. 이 형태는 육체를 구성하는 가장 기본적인 구성을 말한다. 이 때문에 숫자 9를 아이의 탄생으로 언급하는데 수비학을 잘못 알게 되면 숫자 9를 임신으로 해석하는 경우도 있다.

카발라에서 엔네아드는 이소드라 불린다. 엔네아드의 에너지는 인간한테 부담이 되지 않는다. 신기하게도 다른 숫자는 인간에게 비협조적인데 숫자 9만은 유일하게 인간에게 협조적이다. 다만 이소드는 엔네아드와 다르게 고통 후의 평화 및 행복이다. 엔네아드는 기본적으로 트라이어드로 만들어진 기본적인 물질 3가지가 결합한 형태이기 때문에 고통받거나 에너지 소모가 없다. 그러나 짧은 생을 사는 인간은 한평생 트라이어드 하나 만들기도 힘들어서 3개의 트라이어드를 결합까지 한다는 것은 꿈같은 일이다. 물론 이뤄낸다면 그만큼 좋은 형태의 상황은 없을 것이다.

이소드란 그렇다. 인간이 가지는 대부분의 욕구를 충족시켜주는 형태이며, 그 욕구를 갈무리 및 이용할 수 있는 단계를 말한다.

Ten 10

데카드(Decad), 말쿠트(Malkuth)

피타고라스의 관점에서 숫자 10은 완성의 수이자 신성한 숫자다. 지평선이라는 절대 그 끝을 알 수 없는 공간에 존재하는 숫자로 여겼으며, 하나님과 같은 신을 표현하는 숫자였다. 데카드는 1+0으로 이루어진 숫자이다. 모나드는 남성적 창조에너지를 말하며 0은 창조의 그릇인 모든 여성적 에너지의 집합체의 합이다. 데카드는 절대 신의 형상을 갖추고 있는 숫자로 여겨왔지만, 시간이 흐르면서 데카드는 신격에서 벗어나게 된다. 오히려 엔네아드의 순수한 형태가 변질되는 순간이 데카드로 가는 순간이라 여긴다. 그래서 신성한 숫자가 아닌 격변의 숫자로 정의하게 된다.

이는 카발라의 열 번째 세피라인 말쿠트에서도 나타난다. 말쿠트 또한 인간의 자궁이라는 의미를 가지며 이소드에서 내려오는 모든 생명이 뛰어놀 수 있는 공간을 상징한다. 데카드의 의미와 같이 말쿠트는 숫자들이 만들어 놓은 결과물을 받아들이는 공간 및 역할을 한다. 1~9까지의 에너지들이 10으로 초월한다고 생각한다면 이는 고전적인 이해 방법이다. 카발라는 10이라는 숫자를 최종적으로 만들어지는 결과라고 생각했으며, 이 또한 과정 일부라고 판단한다.

말쿠트를 직접 존재하게 하는 세피라는 이소드뿐이다. 이소드는 네자와 호드로 인한 형태의 완성이다. 정확히는 환상과 현실의 조율을 통한 실제 상황이다. 이 실제 상황은 말쿠트로 가며 진실에 도달한다.

* 이 내용은 『타로카드 매트릭스』(장재웅, 물병자리, 2019)를 참고하였습니다.

스토리텔링으로 이해하는 타로의 통찰력

직관의 타로

1판1쇄 인쇄일 2021년 10월20일
1판1쇄 발행일 2021년 10월30일

ISBN	978-89-94803-99-9 03180

지은이	장재웅
펴낸이	류희남
디자인	디자인오감

펴낸곳	물병자리
출판등록	1997년 4월14일(제2-2160호)
주소	서울시 종로구 새문안로5가길11, 옥빌딩 801호
전화	02-735-8160
팩스	0502-735-5000
홈페이지	www.aquariuspub.com
이메일	aquari5@naver.com